IRMÃOS GANDY

ÓRFÃOS DO
TSUNAMI

São Paulo
2016

Tsunami Kids
Copyright © 2014 by Rob and Paul Forkan

© 2016 by Universo dos Livros

Todos os direitos reservados e protegidos pela Lei 9.610 de 19/02/1998.
Nenhuma parte deste livro, sem autorização prévia por escrito da editora, poderá ser reproduzida ou transmitida sejam quais forem os meios empregados: eletrônicos, mecânicos, fotográficos, gravação ou quaisquer outros.

DIRETOR EDITORIAL
Luis Matos

EDITORA-CHEFE
Marcia Batista

ASSISTENTES EDITORIAIS
Aline Graça e Letícia Nakamura

TRADUÇÃO
Leonardo Castilhone e Maurício Tamboni

PREPARAÇÃO
Giovana Sanches

REVISÃO
Felippe Pereira e Mariane Genaro

ARTE
Francine C. Silva e Valdinei Gomes

CAPA
Zuleika Iamashita

Dados Internacionais de Catalogação na Publicação (CIP)
Angélica Ilacqua CRB-8/7057

F816o

    Forkan, Rob

    Orfãos do Tsunami: uma jornada pela sobrevivência/Rob Forkan, Paul Forkan, Nick Harding; tradução de Leonardo Castilhone e Maurício Tamboni. – São Paulo: Universo dos Livros, 2016.

    232 p.: il., color.

    ISBN: 978-85-7930-978-6
    Título original: Tsunami kids

    1. Tsunami no oceano Índico, 2004 2. Vítimas de desastres – Biografia I. Título II. Forkan, Paul III. Tamboni, Maurício IV. Castilhone, Leonardo V. Tamboni, Maurício

15-1338   CDD 920

Universo dos Livros Editora Ltda.
Rua do Bosque, 1589 – Bloco 2 – Conj. 603/606
CEP 01136-001 – Barra Funda – São Paulo/SP
Telefone/Fax: (11) 3392-3336
www.universodoslivros.com.br
e-mail: editor@universodoslivros.com.br
Siga-nos no Twitter: @univdoslivros

Dedicado à mamãe e ao papai, e a todos os afetados
pelos eventos de 26 de dezembro de 2004

PRÓLOGO

Turbilhão

Senti antes de acontecer. O mundo tremeu segundos antes de desabar sobre nós com toda a força da natureza. Sugou por completo o úmido ar tropical, substituindo-o por uma parede de água sólida e furiosa, carregando lama e escombros. Em um instante, tudo se transformou em barulho, energia e pânico.

Veio surgindo através da frente do prédio, em uma torrente ruidosa, levando embora árvores, construções e veículos; esmagando-os como insetos.

Primeiro, ouvi um estrondo bem ao longe e, logo em seguida, vi o medo no rosto das poucas pessoas que ocupavam o complexo do hotel, antes de serem atingidas. Elas observaram a aproximação vinda do horizonte. O instinto falou mais alto. Uma descarga de adrenalina me fez pensar rápido e correr para o quarto, onde meu irmão Paul estava começando a despertar.

Gritei com ele. Alguma coisa estava vindo. O barulho foi ficando mais alto. O choque na costa ocorreu com megatons de energia. Não tinha como pensar. Reação. Sobrevivência. Estávamos somente a poucos metros da praia, bem no caminho daquela coisa. Em primeiro lugar; atingiria a casa em que meus pais e irmãos mais novos estavam; depois, milissegundos mais tarde, atingiria-nos.

Retornei e olhei em volta a água tomando conta do nosso quarto, que mais parecia um frágil castelo de cartas em meio àquele dilúvio. A coisa colidiu contra a parede da frente e, de uma só vez, invadiu toda a casa, que não parava de encher com a enxurrada. A porta foi arrancada das dobradiças com a força da água. As janelas cederam imediatamente. Estilhaços de vidro voaram em nossa direção como balas. Levantei os braços para proteger o rosto e, por um momento, senti uma dor intensa na parte de trás do meu braço.

A água era marrom e negra. O barulho era ensurdecedor. Gritei novamente para Paul, pois precisávamos sair dali. O quarto estava quase transbordando de água do mar; um caixão oceânico. Achei que a ilha estivesse afundando. Lá fora, a terra fora substituída pelo mar. Era o fim do mundo. Não conseguia assimilar o que estava acontecendo. Tudo o que eu podia fazer era reagir. À nossa volta, a mobília estava sendo carregada e despedaçada como se feita de palitos de fósforo. A pia foi arrancada da parede e, ao se quebrar, criou adagas feitas de cerâmica.

Eu sabia que tínhamos que ficar de pé, ou o redemoinho iria nos desequilibrar e nos arrastaria com a correnteza. Senti os escombros atingindo minhas canelas. Levou apenas alguns segundos para a água alcançar a altura das coxas, invadindo porta adentro e em direção ao centro da ilha, aparentemente a centenas de quilômetros por hora.

– Saia daqui! – gritei para Paul. Ele estava de pé, tentando caminhar até mim. Virei o corpo, agarrei a mão dele e o puxei para a minha direção quando consegui me firmar contra a corrente. Dei uma passada larga, mas instável, para a frente, querendo chegar à porta de entrada, lutando contra a força da onda que não parava de entrar na casa. A água havia chegado à altura da cintura e continuava a subir. Do lado de fora, vi galhos, espreguiçadeiras e árvores inteiras serem carregados pela maré. O barulho trovejante continuava enchendo minha cabeça.

Avancei lentamente e consegui sair pela porta. Segurei no batente e me puxei para fora do quarto. Com a outra mão, ajudei Paul a sair.

Uma parede de tijolos atravessava a varanda da frente da casa, então, com a ajuda de um pilar de sustentação, puxei meu corpo até ela e me segurei em outro pilar que ficava na borda do telhado. Esforçava-me para puxar Paul para perto de mim conforme a corrente tentava arrastá-lo.

Agarrei a mão dele com toda minha força. A parede em que eu estava apoiado se desfez sob meus pés, tragada como se fosse de areia. Fiquei ali, suspenso. Uma mão segurava a barra de metal e a outra presa ao meu irmão. Se eu soltasse Paul, ele seria levado para a morte. Se eu soltasse a barra, nós dois seríamos mortos.

O caos havia tomado conta de tudo. O mundo estava sendo inundado. Prédios eram destruídos, frágeis diante do peso do mar. Telhados eram arrancados e despedaçados, absorvidos pela água densa e cor de chocolate. Árvores arrancadas pela raiz misturavam-se à sopa de destroços flutuantes. Fios de alta tensão das proximidades foram arrancados e balançavam de maneira ameaçadora sobre a água, soltando faíscas quando tocavam a correnteza.

Até hoje, não sei de onde tirei tanta força. Eu era um magricela de dezessete anos, e Paul era só um pouco menor do que eu, dois anos mais novo. Porém, de alguma forma, dei um jeito de nos tirar da água o bastante para Paul se agarrar na barra também. Talvez, por uma ironia do destino, as águas que ameaçavam nos matar subiram o suficiente para nos ajudar a escapar.

Dependuramo-nos na beirada do telhado e nos livramos da onda que não parava de subir.

– Mais alto – berrei ao meu irmão, e nós dois engatinhamos para um telhado mais elevado, porque as fileiras de telhas inferiores estavam sendo levadas pela água. Chegamos ao topo, ao ponto mais alto que podíamos alcançar. Estávamos descalços, e por isso a áspera terracota ralava as solas de nossos pés. Mas não sentíamos dor; estávamos em estado de choque e sem fôlego.

Então a onda começou a diminuir e a correnteza desacelerou. Ela havia parado de subir e sua jornada destrutiva tornara-se mais branda. Redemoinhos tragavam escombros em lentas espirais. Ao longe, podia-se ouvir o som de coisas batendo e sendo arrastadas. A maré havia baixado.

Pela primeira vez, tive a chance de olhar em volta com mais acuidade. O mundo chegara ao fim. Tudo estava submerso. Não havia uma alma. Era o dia seguinte ao Natal de 2004. Na noite anterior, comemoramos o feriado em um restaurante a céu aberto. Estava enfeitado com luzes dependuradas, e os garçons usavam gorros de Papai Noel. Brincamos e surfamos durante o dia. Agora, tudo estava destruído.

Foi quando me perguntei onde estariam nossos pais.

CAPÍTULO 1

O rei e a rainha de Purley

Toda jornada inicia-se com o primeiro passo; um simples passo à frente. Movimento e direção. Nossa jornada começa com Kevin Forkan, um homem que sempre agarrou a vida com as duas mãos e a apertou até extrair os caroços. Kevin era um aventureiro, um visionário e um cara extremamente honesto que vivia por sua conta e risco, sempre fazendo aquilo que acreditava estar certo. Ele viajava o mundo e, durante o percurso, passava por alguns percalços. Foi isso o que moldou seu caráter. Nos negócios, era destemido e inovador. Kevin amava a vida, amava as pessoas e valorizava as experiências e sua família. Ele viajou de carona por toda a África do Sul e morou nos Estados Unidos e na Austrália antes de sossegar e montar sua própria loja de automóveis, localizada em um lugar chamado Mitcham, a capital da venda de carros do sul de Londres.

Nos anos de 1980, quando Kevin abriu seu negócio, Mitcham era infestada de homens com casacos de pele de carneiro e reputações morais duvidosas, atraídos pelos leilões de automóveis de Mitcham, uma extensa esteira rolante em que veículos passavam de mão em mão, e a frase "vendido no estado" era usada frequentemente como uma fórmula mágica, com o poder de proteger contra reclamações relacionadas a quilometragens e documentações. No entanto, Kevin não era como seus pares. No mundo dos vendedores de carros, ele era um estranho no ninho. Um pouco excêntrico, mas um cara do bem, e nunca o vi usar um casaco de pele de carneiro.

Para nós, Kevin era simplesmente "pai". Um homem determinado, espirituoso, único e de personalidade marcante, com uma incomparável *joie de vivre*, o que provavelmente tinha feito nossa mãe se apaixonar por ele, apesar da diferença de quatorze anos entre eles.

Nosso pai foi a razão para termos conhecido o mundo. Ele havia sido picado pelo "mosquito da viagem" e passou essa "doença" para nós. Herdou essa coceirinha nos pés da sua família. Parte vinha da Irlanda, e o sangue irlandês que corria em suas veias talvez fosse o motivo pelo qual ele tenha começado a perambular por aí desde tão cedo. Antes de abrir a loja, ele tinha viajado o mundo inteiro. Meu pai sempre contava suas histórias. Relembrava sua passagem pelo México nos anos 1970, quando, ao cruzar a fronteira para os Estados Unidos, foi colocado sob a mira de uma arma pela polícia americana, pois suspeitavam que ele fosse um traficante de drogas. Descrevia a agitação de Nova York e falava com encanto sobre a Austrália. Foi numa época anterior às passagens aéreas se tornarem tão acessíveis, por isso ele praticamente só viajava de barco. Rendia sempre boas conversas na hora do jantar.

Papai era o mais novo de cinco filhos, sendo três irmãos e uma irmã. Seu irmão John era outro aventureiro ávido, que havia cruzado a Europa e a Ásia, atravessando o Afeganistão e o Paquistão, antes de se estabelecer na Austrália com sua esposa, Anne.

Ele entregava suas histórias de viagem depois de uma ou duas cervejas. Mamãe levantava as sobrancelhas quando isso acontecia. Um de seus contos prediletos envolvia um carro esportivo da Porsche, a Miss Austrália, um barranco e um acidente quase fatal. Antes de conhecer nossa mãe, ele viajou à Austrália para visitar John e foi a uma festa onde, por coincidência, conheceu a Miss Austrália. Na época, ele dirigia um 911 cupê. Tinha-o comprado para usar enquanto estivesse por lá e pedira a John para arranjar uma placa personalizada. John prontamente se viu obrigado a agir com a jocosidade típica entre irmãos, e papai dirigiu aquele carrão com a placa "PU55Y"[1]. Entretanto, quando ele ofereceu uma carona para a Miss Austrália, ela aceitou. Nenhum de nós sabe ao certo se papai estava querendo aparecer, mas, no trajeto, ele perdeu o controle do poderoso carro, saiu voando por uma ponte e capotou morro abaixo. O carro teve perda total, mas papai e a Miss Austrália milagrosamente saíram andando sem maiores lesões.

Suas antigas andanças foram reduzidas quando ele montou o próprio negócio. Seus outros irmãos que moravam no Reino Unido também tinham lojas de carros, então parecia ser a escolha natural. Ele era batalhador e bem-sucedido nesse lance de automóveis. Sem dúvida, sua ampla visão de mundo o destacava das outras figuras no estilo *bon-vivant* que atuavam no comércio naquela época.

Papai era um esportista astuto e um homem muito ativo. Jogava críquete, tênis e futebol, e gostava de ver esportes tanto quanto jogá-los. Era um fã incondicional do Queens Park Rangers, o que, com o passar dos anos, como dizem alguns, ensinou-o a ficar cara a cara com o triunfo e o fracasso, tratando os dois sacanas da mesma maneira.

Ele era alto, com porte atlético e cabelos negros; em resumo, um cara boa-pinta.

Sua vida mudou para sempre no dia em que empregou nossa mãe, Sandra, como secretária. Jovem, alta e bronzeada, com cabelos cacheados, aquele era um de seus primeiros empregos, e ela foi admitida para recepcionar os clientes e realizar tarefas administrativas.

O romance floresceu naquela franquia da Ford e, como era de se esperar, Kevin e Sandra se casaram e decidiram encontrar uma casa para formar uma família.

No começo, procuraram casas em Fullham e Chelsea; atualmente, uma das áreas mais influentes do sudoeste de Londres, cheia de oligarcas e investidores internacionais. Mas, na época, as

---

1   Típica brincadeira de formar palavras com letras e números. A palavra em questão é "pussy" que, em português, significa "boceta". (N. T.)

propriedades daquela região da capital, embora caras, não eram supervalorizadas como hoje em dia. Ainda havia pechinchas, e nosso pai sempre foi bom em identificar uma boa oportunidade.

Contudo, eles queriam uma família grande e, por essa razão, precisavam de bastante espaço. Então, por fim, decidiram que o agito de Londres talvez não fosse a melhor das opções para criar os futuros filhos. Em Londres, também notaram que não conseguiriam uma casa com um bom jardim – pelo menos não com o dinheiro que tinham – e um dos pré-requisitos na busca era que o lugar ideal tivesse um jardim grande o bastante para sua prole correr para lá e para cá. Enfim encontraram uma casa em Purley, um distrito arborizado de Londres a alguns quilômetros da cidade de Croydon, numa estrada que se chamava Meadow Close[2]. Apesar do nome – bem bacana, por sinal – não havia pradarias. Era próximo o bastante para que o trajeto do meu pai ao trabalho fosse tranquilo e longe o bastante da cidade para que tivéssemos espaço, sossego e vegetação. Juntos escolheram uma casa que, embora não fosse uma mansão, acomodaria facilmente uma família considerável. Tinha uma pequena garagem frontal para apenas um carro e a vantagem de possuir um grande quintal nos fundos. Lá eles se dedicaram a tornar aquele um lar de verdade. Toda e qualquer ambição do meu pai de continuar viajando foi posta de lado. Na verdade, ninguém sequer saberia que me pai tinha feito tantas viagens. Ele não deixava exposta nenhuma lembrança delas pela casa; em vez disso, aquela era uma típica casa familiar, com fotos de família no peitoril acima da lareira da sala.

Os dois deixaram o interior da casa em um ótimo estado, mas não eram grandes jardineiros, no entanto, isso não fez diferença ao longo dos anos. Minha mãe de vez em quando tentava fazer alguns trabalhos de cerâmica no quintal. Às vezes, comprava arbustos ou flores para plantar, mas a correria com os filhos tornou impossível qualquer intenção nesse sentido. Tão logo uma flor fosse plantada, já era destruída por mãos, pés, bolas, tacos ou raquetes. O jardim permaneceu praticamente do mesmo jeito que

---

2 Em português: rua das pradarias. (N. E.)

veio: grama cortada bem rente e algumas árvores grandes – um belo espaço aberto.

Em 1983, a família Forkan cresceu pela primeira vez. Minha mãe teve minha irmã mais velha, Marie. Em 1985, Joanne – Jo – veio ao mundo. Dois anos depois, eu nasci. Fui batizado como Robert Oliver Daniel Forkan. Os nomes foram escolhidos a dedo, porque minhas iniciais vinham de um anagrama da palavra FORD, por causa da loja do meu pai. Claramente, ele era um grande brincalhão. Mas agradeço a Deus por ele não ter sido dono de uma franquia da Alfa Romeo!

Meus irmãos Paul e Matthew – ou Mattie – nasceram em 1989 e 1992, respectivamente e, por fim, veio a Rosie, nossa caçula. Ela era a princesa da família, o *grand finale*. Nós oito vivíamos em um caos doméstico, com a mamãe e o papai no comando.

Ainda que a casa fosse espaçosa, tivemos que dividir quartos em um determinado momento, pois a família era muito grande. Eu compartilhei o quarto com Paul na maior parte da minha infância e, quando menores, Mattie e Rosie fizeram o mesmo.

Fazíamos uma bagunça tremenda, brigávamos vez ou outra, mas, no geral, nos dávamos bem. Vivíamos em uma matilha e, como em qualquer matilha, havia uma hierarquia. Marie era a primogênita, a sensata. Ela era quem nos reunia e fazia com que cumpríssemos nossas tarefas quando a mamãe precisava de ajuda. Quando ficou mais velha, começou a trabalhar de babá. Jo e Marie discutiam sempre. Elas eram extremamente competitivas e as discussões, de vez em quando, subiam de tom e passavam para outro nível. Eu e Paul gostávamos de provocá-las toda hora. De vez em quando ríamos, em outras vezes, sabíamos que tínhamos de manter uma boa distância. Achávamos difícil acreditar nas coisas que irritavam aquelas duas, como escovas de cabelo e xampu.

Paul e eu também brigávamos. Havia uma competitividade saudável entre nós. Esforçávamo-nos para superar um ao outro. Se eu conseguisse fazer quarenta embaixadinhas no futebol, Paul passava horas tentando bater esse recorde; e se ele conseguisse lançar uma maçã caída no jardim até o telhado do vizinho com um taco de golfe, eu praticava até conseguir mandar mais longe. Muitas noites nos chamavam para o jantar, mas continuávamos do lado de fora, mesmo depois de anoitecer, treinando repetidamente até que um quebrasse o recorde que o outro tinha estabelecido durante aquele dia.

No entanto, meus desentendimentos com Paul nem se comparavam com as brigas que ele tinha com Mattie. Ele não parava de atormentar nosso quase caçula. Em resposta, Mattie culpava Paul por qualquer coisa. Se Paul resvalasse na mão nele, Mattie chorava inconsolavelmente na frente dos nossos pais, como se fosse um jogador de futebol italiano, daqueles bem dramáticos, gritando em profunda agonia. Sua fama de chorão era grande, mas compreensível, já que ele era o garoto mais novo. Mattie incomodava Paul, e Rosie dava ordens a Mattie, apesar de ela ser a mais nova. Mattie tinha uma asma bem séria e Rosie às vezes parecia a mãe dele. Os dois pareciam um casal de idosos. Era hilário observá-los, mas deve ter perturbado Mattie até não poder mais.

"Mattie, coloque o agasalho!"

"Mattie, você pegou sua bombinha?"

"Mattie, onde estão seus óculos?"

O coitado não tinha escapatória. Ele era cercado de todos os lados.

Se perguntasse aos meus irmãos o que eles pensavam de mim, provavelmente diriam que eu era o chato e sensato que tentava ficar longe de discussões e me manter diplomático. Sempre havia tanta coisa acontecendo, diferentes alianças se formando e se desfazendo, que eu frequentemente achava melhor me abster disso. Preferia sair andando e ler um livro, ou colorir qualquer coisa. Mas eu não trocaria aquilo por nada. Uma família grande, sem dúvidas, traz desafios, mas nós sabíamos que, se o cerco apertasse de alguma maneira, todos ficaríamos juntos e nos ajudaríamos.

Nossos pais tratavam de dar a todos a mesma quantidade de amor e atenção, embora Mattie fosse um pouco mais mimado que o resto. Ele era um bichinho de estimação e, por causa de sua asma, tendia a se aproveitar de suas fragilidades.

Era fácil ser maldoso em uma casa tão grande, porque sempre havia alguém em quem colocar a culpa. No Natal, o ataque ao Calendário do Advento[3] tornou-se uma tradição da família Forkan. Cada um de nós, secretamente, atacava o calendário do outro, abria aquelas portinholas e comia todo o chocolate. Não importava de quem. Então, quando o crime era descoberto, o culpado acusava outra pessoa. Ninguém sabia ao certo quem era o responsável e, com o passar dos anos, os calendários viraram algo comunitário.

Todos nós juntos, como irmãos, aterrorizávamos os namorados da nossa irmã mais velha, fazendo questão de incorporar o papel de irmãos mais novos irritantes em cada detalhe estereotipado. Invadíamos sua privacidade, ríamos pelos cantos se andassem de mãos dadas e sempre inventávamos alguma coisa para perturbá-los.

Pregávamos várias peças uns nos outros e, infelizmente, Mattie quase sempre era o alvo das brincadeiras. Certa vez, eu e Paul o amarramos em uma árvore no quintal dos fundos. Não demorou para minha mãe notar o sumiço dele e o resgatar da nossa estupidez. Em outra ocasião, eu e Paul decidimos transformar a casa de ferramentas em uma casa de brinquedos, e a colorimos com todas as latas de tinta que pudemos encontrar. Passamos horas lá dentro, mantendo Mattie trancado conosco enquanto pintávamos o lugar. Foi muita falta de noção nossa, porque estávamos adorando a farra, enquanto Mattie, sentado no chão, aspirava os vapores tóxicos para dentro de seus frágeis pulmões, ofegando e se perguntando por que não podia sair dali. Quando nossa mãe percebeu que o pusemos sob o risco de ter um ataque de asma, soltou fogo pelas ventas. Toda hora fazíamos guerra de água. Nós nos revezávamos na união em um ataque a alguém dentro de casa. Olhando para trás, sei que tudo isso pode parecer um pouco ridículo, mas, no fim das contas, éramos apenas crianças nos divertindo.

---

3 Calendário do Advento: calendário individual usado em alguns países para contar os dias anteriores ao Natal. Possui "janelas" para contar os dias e, atrás das janelas, muitas vezes há doces. (N. T.)

Não podíamos ter gato ou cachorro por causa da doença do Mattie, então arranjamos os bichos mais seguros que encontramos: peixinhos dourados. Tínhamos dois, os quais chamavam-se Sharky e George, em homenagem ao desenho da televisão. Mattie adorava aqueles peixinhos e, quando eles morreram, dissemos a ele que haviam ido passar o feriado em uma fazenda para peixes.

– Eles estão em um spa para peixes, aproveitando à beça – mentimos, após darmos descarga neles no banheiro.

Mattie acreditou piamente na história, a qual se perpetuou por anos, fazendo-o se ater à esperança de que, um dia, Sharky e George retornariam de sua temporada de descanso. Quando a ficha caiu e ele finalmente percebeu que não voltariam mais, ficou extremamente chateado.

Embora fôssemos bem cuidados e houvesse regras de comportamento vigentes na casa, ao mesmo tempo tínhamos total liberdade para escolher com o que iríamos brincar. Mamãe e papai trabalhavam e não tinham tempo para ficar nos mimando constantemente. Num belo verão, depois de papai concluir uma tarefa do tipo "faça você mesmo", ficou para trás alguns feltros para telhado largados no jardim, então eu e meu primo juntamos tudo e decidimos fazer uma fogueira com aquilo. O fogo se transformou em um inferno em questão de minutos e as chamas chamuscaram uma porção de árvores. Depois daquilo, fogueiras na casa dos Forkan só eram permitidas se fossem cuidadosamente supervisionadas por um adulto.

Mattie partilhava da paixão da mamãe pelas artes e pelos ofícios, e tinha uma imaginação aguçada. Certo dia, ele viu o filme *Space Jam* e ficou tão envolvido com a trama que acreditou, como um dos personagens e o tema sugeriam, que podia voar. Eu e Paul não fizemos nada para que ele deixasse de acreditar naquilo – ao contrário, talvez até o tenhamos incentivado (convenientemente esqueci essa parte!). De qualquer forma, estávamos na sala, no andar de baixo, quando ouvimos Mattie cantando com sua voz angelical "I Believe I Can Fly"[4] lá do corredor de cima. Houve

---

4 Na tradução em português: "Eu acredito que posso voar." (N. E.)

uma pequena pausa seguida por um barulho seco no pé da escada, quando Mattie dolorosamente descobriu que não podia voar.

Sempre estava acontecendo algo na casa ou, mais frequentemente, no jardim. Desde muito cedo costumávamos brincar ao ar livre. Se não estivesse chovendo e não estivéssemos na escola, falavam para irmos brincar lá fora. Tínhamos uma televisão que raramente era assistida, e só a ligávamos quando já era noite.

– Por que você está sentado aqui? Vá lá fora brincar! – Esse era o mantra do papai, se ele nos visse largados em algum canto da casa.

O jardim tornou-se nosso playground e utilizávamos tudo o que podíamos encontrar nele – como feltro para telhado. Sempre nos encorajaram a praticar esportes, e, no fim, éramos uma família amante de esportes. Por conta disso, sempre havia equipamentos esportivos espalhados por todo lado; podia ser um bastão de críquete ou raquetes de tênis. Jogávamos golfe no jardim com maças ou as rebatíamos com raquetes.

O portão de nosso quintal e a porta dos fundos estavam sempre abertos. A casa raramente ficava fechada. Se ficássemos fora por alguns dias, nossos pais faziam um alarde na hora de trancar as portas. Era como uma cerimônia.

– Estamos trancando as portas agora, crianças – anunciavam eles. – Última chance para pegar alguma coisa ou ir ao banheiro.

Embora nos incentivassem a ser ativos, não nos matriculávamos em milhões de clubes. Paul e eu jogávamos críquete para um time local e eu também fazia parte dos escoteiros, o que eu gostava, mas era só isso.

Papai também assumiu um papel ativo nos escoteiros. Certa noite, descobrimos que o líder do nosso grupo tinha pedido para sair. Depois da sessão, alguns pais foram chamados e lhes perguntaram se alguém estaria disposto a ser voluntário e assumir a liderança da pequena tropa. Esperei do lado de fora, no carro. Quando a reunião acabou, meu pai caminhou até mim, com um sorrisão no rosto e disse:

– Adivinha quem será seu novo líder, Rob? – perguntou ele.

Arrisquei alguns nomes.

– O pai do James? O pai do John?

O papai balançou a cabeça.

– Não, serei eu – riu.

Era uma coisa pela qual ele nunca havia manifestado interesse e, naquele instante, achei hilário.

– Como conseguiu que escolhessem você? – perguntei.

– Bem, eles me perguntaram quais habilidades eu poderia ensinar a vocês. E eu lhes disse que ensinaria a todos a se sentar na privada e ler um jornal.

A partir desse dia, papai tornou-se o líder dos escoteiros e passou a guiar nosso grupo toda semana. Não pude deixar de rir quando o vi de uniforme pela primeira vez. Ele estava usando aquele lenço dos escoteiros, com o nó no pescoço, e uma camisa verde, o conjunto completo. Apesar de seu voto de nos ensinar a arte de "merditar" na privada, cumpriu seus deveres com seriedade e virou um grande líder.

Minha mãe, da mesma forma, era tão integrada à comunidade quanto meu pai. Ajudava regularmente com os eventos da escola e auxiliava na organização de uma grande festa de rua no aniversário do Dia da Vitória na Europa. Apresentou o concurso de melhor vestido da festa e fez com que nós todos usássemos fantasias. Vencemos. Eu fui de *pinball wizard*, uma fantasia que parecia uma obra de arte. Era uma roupa de mago com uma máquina operante de *pinball* costurada na frente, que mamãe criou a partir de duas caixas de feira de madeira. Ela adorou a tarefa, e sua atenção e amor aos detalhes foram transmitidos para nós mais tarde.

Papai nos ensinou as regras de todos os esportes dos quais gostava, e jogava desde futebol a tênis e golfe. Tínhamos um taco de golfe em casa, então Paul e eu usávamos a casa ao lado como alvo de prática. Devia ficar a uns trinta metros e, frequentemente, um de nós dava uma tacada perfeita. Claro, o alvo preferido eram as janelas. Porém elas nunca chegaram a quebrar, pois usávamos bolas bem leves, mas o cara que morava na casa ficava louco de raiva e volta e meia reclamava com o papai, que nunca acreditava nele.

– Eles jogaram de novo, Kevin! – berrava o vizinho.

– Como podem dois garotinhos acertarem uma bola de tão longe? – respondia o papai. Nós nos escondíamos no andar de cima, rindo.

Nossa falta de treinamento formal na maioria dos esportes que gostávamos significava que, quando se tratava de futebol e tênis, não éramos os jogadores com a maior excelência técnica do mundo. Ainda assim, conseguíamos superar o pessoal que era treinado, porque tínhamos uma boa coordenação e éramos muito competitivos.

Nossa vida era voltada para sermos fisicamente ativos. Não tínhamos computadores ou videogames; tínhamos apetrechos esportivos. E os fazíamos durar eternamente. Havia um conjunto de estacas de críquete acionadas por mola que durou uns cinco anos e, quando o mecanismo quebrou, inventamos outra coisa com o material. Quando ficamos grandes demais para o balanço, arrancamos o assento e o transformamos num gol.

Aprendemos a improvisar. Num dado verão, conseguimos um aparador de grama muito pesado que surgiu de algum lugar e deixamos o jardim o mais plano que pudemos. Aparamos a grama bem curta e pintamos uma quadra de tênis com tinta branca, tudo dentro do padrão. Colocamos dois postes improvisados de cada lado da quadra, e a mamãe fez uma rede para esticarmos entre eles. E nossa quadra de tênis ficou pronta.

Nossos pais acreditavam de todo o coração que as coisas tinham de ser merecidas. Nunca ganhávamos dinheiro sem fazer alguma coisa em troca. Se quiséssemos algo, precisávamos realizar alguma tarefa ou achar maneiras para merecer o dinheiro que receberíamos. Mamãe e papai trabalharam duro por tudo o que tínhamos, e éramos agradecidos pelo que nos era dado. Apesar de nunca nos ter faltado algo, não éramos mimados; se fosse uma época de vacas magras, tínhamos que nos virar com o que dava.

Houve um ano em que construímos uma casa na árvore, porque nossos pais não puderam pagar uma viagem nas férias. Papai era uma negação na hora de construir coisas e não conseguiu montar uma do nada; então compramos uma dessas prontas numa loja de jardinagem. Com um metro e oitenta de altura, ela se sustentava sobre estacas; tinha um interior razoável, mas a madeira do lado de fora ainda estava toda lascada. E havia uma varanda em volta.

– Não vamos viajar neste ano – anunciaram nossos pais, quando tiraram a capa de cima –, então vocês terão isso para se divertir durante o verão.

Nossa casa se tornou um ponto de encontro para as outras crianças do bairro, porque o jardim era muito bem equipado e o portão traseiro estava sempre aberto. Todos eram bem-vindos; nossos pais não se importavam.

Enquanto os vizinhos tinham gramados intactos como um campo de futebol oficial, com lindas bordas enfeitadas com flores e lagos de carpa, o nosso, por outro lado, depois de ser surrado durante anos por seis crianças, parecia um ninho de ratos – o que só o deixava mais charmoso.

Ter uma grande família como essa apresentava certos desafios aos nossos pais, embora eles nunca tenham reclamado. Quando minha mãe parou de trabalhar e começou a se dedicar à casa, ela gostava de cozinhar, mas depois do sexto filho, com os outros crescendo, a empolgação de preparar tanta comida começou a definhar. Papai ajudava, ele também gostava de cozinhar, mas, com o tempo, a tarefa de alimentar tantas bocas tornou-se quase um processo industrial.

Mamãe também era uma pessoa bastante voltada para as artes e sabia fazer de tudo um pouco. Era sossegada e desencanada. Passava horas fazendo esculturas de massinha de modelar conosco, e houve um ano em que fez para Rosie uma casa de bonecas completa, até com móveis, tudo feito com materiais caseiros. Ela fazia qualquer coisa e se esforçava ao máximo para deixar a casa ajeitada. Também era muito boa em criar coisas, o que se tornou algo bastante funcional no fim das contas. Depois de alguns anos convivendo com nossas idas e vindas do jardim, o carpete foi substituído por um piso laminado, pois era mais fácil de limpar, e as paredes, pintadas com tinta especial para cobrir marcas de arranhões e rabiscos ocasionais.

Também havia a questão de transportar aquele monte de crianças. Era uma luta levar todos nós dentro de um só veículo, até meu pai ter um golpe de sorte. Embora ele não fosse afeito à jogatina, todo ano dava-se ao luxo de fazer uma aposta no jóquei da cidade. Ele não sabia quase nada sobre cavalos, só o básico – que eles tinham quatro patas e podiam correr rápido –, mas, certo ano, decidiu que faria uma aposta em um bolão. Incrivelmente, sua escolha vingou e ele acertou o cavalo vencedor: Papillon. Papai ganhou uma soma considerável – ele não cabia em si de tanta felicidade. Com o dinheiro, comprou uma minivan usada da Mercedes. Andava muito bem, apesar de ser um pouco lenta, e mamãe a decorou com adesivos especiais de borboletas. O carro foi batizado de Papillon e se tornou o veículo oficial da família.

Embora o showroom tivesse rendido bons frutos por muitos anos, o negócio de carros sofreu gravemente com a recessão no início dos anos de 1990, e a loja do papai, infelizmente, também sucumbiu. Mamãe e papai, no entanto, eram otimistas com tudo. Acreditavam que cada um é dono da sua própria sorte na vida. Eram pessoas muito positivas, por isso papai viu o encerramento desse capítulo de sua vida como uma oportunidade de começar outro. Em termos de negócios, era um visionário. Sempre aparecia com novas ideias e criou uma nova empresa: a Rose Fashions. A ideia estava à frente de seu tempo, e foi um empreendimento familiar que, anos mais tarde, influenciou a mim e a Paul.

A Rose Fashions era uma empresa social, numa época em que ninguém sabia exatamente o que era uma empresa social. Funcionou bem em tempos de austeridade econômica, já que, para muitos, o dinheiro para gastar com futilidades estava apertado. O conceito era simples: nossos pais faziam contatos com varejistas de roupas de marca e compravam estoques de segunda mão, encalhados, ou mesmo roupas de fim de temporada com um grande desconto. Em seguida, contatavam escolas, hospitais, casas de caridade e outras entidades comunitárias, oferecendo-se para organizar com eles eventos de moda, nos quais haveria um público que pagaria ingressos e compraria roupas apresentadas por modelos.

Os eventos eram ocasiões sociais. As entidades que os apoiavam montavam bares e vendiam comes e bebes nos locais onde a coisa acontecia. Então, ganhavam dinheiro com a venda de ingressos e lanches, enquanto meus pais ganhavam com a venda de seus estoques. Todos saíam felizes.

Trabalhavam exaustivamente agendando eventos no interior e na cidade, organizando os modelos e buscando material de moda. Enviavam malas diretas pelo correio e divulgavam por meio de telefonemas. Os eventos aconteciam em salões de escolas, prédios de universidades, centros de lazer e comunitários. As entidades adoravam aquilo, porque criava excelentes oportunidades para levantar fundos. As roupas à venda eram de lojas de marcas conhecidas, porém vendidas a uma fração dos preços originais; com isso, o público pagante também se beneficiava. Em algumas noites, os eventos chegavam a reunir até mil pessoas.

Apesar de o negócio ter começado pequeno, não demorou a se expandir. Nossos pais o encaravam com o mesmo entusiasmo que tinham em todas as oportunidades na vida. Mergulharam naquilo e, como uma família, todos se envolveram nas tarefas, ajudando a contar os estoques e envelopando material promocional.

Todas as noites havia cerca de três ou quatro eventos acontecendo na região em que morávamos. Inicialmente, o negócio começou dentro da nossa casa, mas, com o crescimento, papai comprou um novo escritório: uma sala de aula feita em um contêiner do qual uma escola das proximidades não precisava mais. Ele a desmanchou e remontou no quintal dos fundos. Quando a empresa ultrapassou as fronteiras do QG do contêiner e se mudou para um armazém na cidade vizinha de Couldson, deram-nos permissão de usar a cabana como "toca", o que era um paraíso.

Os desafios de ter tantas crianças nunca pareceu pesar em seus ombros. Nossa infância foi praticamente uma época dos sonhos. Claro que tínhamos altos e baixos como qualquer um, mas nos acostumamos a lidar da melhor forma possível com os desafios que nos eram impostos, e valorizávamos as liberdades e as oportunidades que tínhamos. Éramos crianças educadas e sociáveis. Kevin e Sandra fizeram um bom trabalho.

CAPÍTULO 2

Nossa jornada começou

É claro que, embora a vida nos oferecesse muita diversão, também tínhamos de frequentar a escola, o que eu não me importava em fazer. Fui para a Escola Primária de Woodcote, nos arredores de Couldson e, depois, aos onze anos, para a Escola Secundária de Woodcote: as escolas públicas da região. As histórias do papai sobre suas viagens devem ter me influenciado, pois eu adorava aprender sobre o mundo. Era naturalmente questionador e gostava em especial de descobrir coisas sobre países e culturas. Não era um gênio da matemática ou da gramática, mas adorava história, geografia e ensino religioso. E, como mamãe, também gostava de artes; todos nós gostávamos.

Mamãe e papai nos encorajavam a aprender, mas não só pelo desempenho acadêmico. Sabíamos desde cedo que o trabalho era importante e que, na vida, para ter sucesso, era preciso confiar tanto na própria sagacidade e ímpeto quanto nas habilidades de ler, escrever e fazer contas. Todos percebíamos, em algum nível subconsciente, que só era possível viver com determinação e garra. Víamos isso todos os dias na maneira como nossos pais se devotavam ao trabalho. Trabalhavam como ninguém e, conforme a Rose Fashions cresceu, ela se tornou o foco da vida deles. Os eventos eram organizados na nossa casa, e, na maioria das noites durante a semana, pessoas entravam e saíam de lá transportando estoques de roupas e materiais. As modelos que desfilavam com as roupas também se concentravam em nossa casa, então, várias noites por semana, grupos de garotas e mulheres lindas apareciam.

Quando ficou mais velha, Marie começou a convidar algumas de suas amigas para participar, e algumas das mães mais bonitas de nossa escola também se candidataram para realizar essa tarefa e ganhar um dinheiro extra. Paul e eu éramos muito jovens para apreciar isso no início, mas, à medida que fomos crescendo, cada vez mais inventávamos desculpas para ajudar em alguma coisa. Nossos amigos invejosos nunca perdiam a oportunidade de nos lembrar do quanto éramos sortudos por ter uma procissão de garotas maravilhosas entrando e saindo de casa.

Aos dez anos de idade, eu não fazia ideia do significado do termo "espírito empreendedor", mas compreendia que o papai tinha ideias e sabia colocá-las em prática. A Rose Fashions começou do nada e se tornou um negócio bastante rentável. A casa era uma empresa muito movimentada, e eu observava e aprendia, absorvendo um pouco daquele espírito empreendedor por osmose. Uma das tarefas de que mais gostei na minha época de escola foi um projeto em que os alunos foram solicitados a desenvolver, criar e divulgar suas próprias marcas. Adorei a chance de pegar um conceito e criar algo tangível a partir de uma ideia. Criei doces. Trufas, para ser mais específico. Desenhei e criei embalagens, e desenvolvi uma estratégia de venda. Sem contar a parte de aprender a ler, escrever e fazer contas, aquela deve ter sido provavelmente a coisa mais valiosa que já aprendi na escola. Nunca usei álgebra até hoje e, de vez em quando, ficava me perguntando para que aquilo servia. As lições e habilidades de vida que mamãe e papai estavam nos ensinando – bom senso, independência, resiliência – pareciam muito mais relevantes.

Do lado de fora da escola, Paul e eu sempre estávamos em busca de algum meio de ganhar dinheiro. Não esperávamos que as coisas nos fossem dadas de mão beijada. Batíamos nas portas dos vizinhos e lavávamos seus carros. Durante as férias de verão, junto a um amigo, consegui juntar uma bela soma. Enfiei todas as notas dentro de uma caixa embaixo da cama. Nossos principais alvos eram as ruas cheias de casarões. Eu tinha doze anos e, olhando para trás, tenho certeza de que meu pai deve ter ficado desconfiado da origem de tanto dinheiro.

Nossos pais nos impeliam a ter opinião própria e, embora sempre estivessem ocupados, ainda encontravam tempo para nos ajudar e dar conselhos. Não eram, de forma alguma, ausentes. Levavam-nos para ver críquete, para passear e faziam milagres com seu tempo para garantir que tivessem uma presença constante em nossa vida. Trabalhavam de noite e ficavam por perto durante o dia. Viravam noites em claro nos fins de semana e dividiam seus horários para que um deles sempre estivesse à nossa disposição, se precisássemos ir a algum lugar. E permitiam que nossos amigos estivessem por perto o quanto quiséssemos. Não era um lar muito normal. Sempre estava acontecendo alguma coisa e, até hoje, meus amigos de infância me contam como se divertiam quando nos visitavam.

Coisas aleatórias aconteciam por lá, geralmente relacionadas com alguma extravagância de nossos pais. Por exemplo, certa tarde, meu pai chegou em casa com um castelo de pula-pula no porta-malas do carro. Um centro de lazer da região estava fechando as portas e jogando várias coisas fora, então papai se ofereceu para levar aquela tranqueira. Jogou o castelo inflável no quintal dos fundos e disse:

– Mandem ver, crianças!

Nós o enchemos com a bomba de ar integrante. Era gigantesco e tinha uma grande cabeça de palhaço inflável na frente. Dava para ver a vários jardins de distância quando estava completamente cheio – então, sempre que a cabeça de palhaço surgia no horizonte de Purley, todas as crianças da região sabiam que era a hora do castelo de pula-pula na casa dos Forkan. Era como a Disneylândia, mas em Croydon!

Aquele castelo inflável teve muita utilidade. Colocamos embaixo da janela do segundo andar e pulávamos nele lá de cima. Pegávamos mangueiras e detergente para fazer festas de espuma. Com tantos irmãos, tínhamos muitos amigos, e o jardim ficava lotado de meninos e meninas que faziam lutas de maçãs, pulavam no castelo e escalavam as árvores.

Quando ganhamos o contêiner, ele se tornou uma espécie de clube da juventude para nós e nossos amigos. Fizemos uma decoração especial nele e encontramos algumas coisas para mobiliá-lo. Era completamente à prova de variações climáticas: selado e aquecido, e com tomadas e lâmpadas. Quando Marie cresceu, ela decidiu se mudar para lá e fez do espaço seu quarto.

Sempre havia muita diversão e risadas pela casa. Mamãe era uma grande pregadora de peças e constantemente aprontava alguma conosco e com papai. Também fomos educados para ser inovadores. Mamãe passava horas desenhando conosco, nos ensinando a inventar coisas e a sermos criativos.

Ela também tinha um dom para música, uma característica que Rosie puxou. Adorava karaokês. Gostava de Celine Dion e de *Grease*. Durante as noites de folga, sempre era a primeira a pegar o microfone e a última a largá-lo.

Enquanto, para mim, a escola não fosse um grande desafio, a situação era diferente com Paul. Era uma luta incansável. Ele tinha problemas para ler e era atrasado em relação às outras crianças. Tornou-se frustrado e seu comportamento sofreu com isso.

Ele não era muito afeito à escola, pois não conseguia se adaptar a seus métodos clássicos de aprendizado. Havia um tipo de bloqueio mental que ele não conseguia superar. Para sua sorte, nossos pais não o pressionavam. Sem dúvidas havia um problema que precisava ser resolvido, porque Paul era um garoto brilhante. Ele captava coisas no ar e as compreendia, mas, na hora de ler e escrever, algo não funcionava.

Depois de certo tempo, ele foi diagnosticado com dislexia. Assim que descobrimos, tudo ficou mais claro. O cérebro de Paul tinha problemas em processar palavras, letras e símbolos. Ele via e escrevia letras e números de trás para frente. Seu problema não afetava sua inteligência, e isso era o que mais o deixava desanimado. Não era falta de vontade de aprender: a forma como tudo lhe era ensinado não só dificultava as coisas mas piorava seu distúrbio. Na escola primária, foi designada uma professora-assistente que se sentava a seu lado na sala de aula para ajudá-lo. Em outro momento, ele ganhou um par de óculos especiais com lentes coloridas, já que um certo tipo de dislexia podia ficar exacerbada em fundo branco.

Quando ele ficou mais velho, tornou-se um adolescente rebelde. Fazia coisas como disparar os alarmes de incêndio da escola e contava piadinhas no meio da aula. Certa ocasião, tingiu o cabelo de branco e azul, as cores do time para o qual torcíamos, o QPR. Às vezes, mandavam-no para casa por mau comportamento. Mas, por baixo dessa capa, ele era um garoto ótimo e se sentia incompreendido. Mamãe e papai eram pacientes; percebiam como a vida escolar era difícil para ele.

Papai tentou diversas coisas para ajudar. Começou a ler sobre o distúrbio para descobrir possíveis soluções. Uma vez leu um artigo que dizia que comprimidos para enjoo poderiam ajudar, então passou a ministrá-los. A teoria por trás do tratamento era que a dislexia afetava partes do cérebro relacionadas ao movimento e ao equilíbrio, em vez das regiões responsáveis pelo pensamento lógico e linguagem. De acordo com o relatório, havia evidências científicas que sustentavam a ideia de que comprimidos para enjoo poderiam ajudar com o problema, mas a tentativa não surtiu efeito em Paul.

Nossos pais lidavam bem com sua situação e compreendiam os problemas inerentes. Tinham sofrido um bocado com a asma de Mattie, portanto levavam numa boa as dificuldades de comportamento e aprendizado de Paul. Na vida, ambos sempre abordavam os problemas de forma positiva, inabalável e pragmática.

A asma de Mattie não melhorou com o passar do tempo. Parecia só piorar. Entrava e saía de hospitais a toda hora. Ele não era tão ativo e esportivo quanto Paul e eu, porque não conseguia ser assim. Seus ataques de asma eram ativados por diversos estímulos. Frio, mudanças drásticas de temperatura, pólen, poeira, pelos de animais; tudo era potencialmente perigoso. O problema era crônico, por isso Mattie tomava uma variedade absurda de remédios para tentar controlá-lo. Tinha diferentes tipos de bombinha e ficava acoplado a um nebulizador na maioria das noites. Tínhamos tanques de oxigênio espalhados pela casa por causa dele. Os remédios acabaram afetando seu crescimento. Apesar da diferença de idade entre ele e Rosie, quando chegou ao primário, não era muito mais alto que sua irmã caçula.

Quando ele tinha um ataque, era aterrorizante. Ele empalidecia, seus lábios ficavam azuis e ele lutava para respirar à medida que seus pulmões fechavam. Nossos pais já conheciam muito bem os sinais e as causas de seus ataques, portanto estavam sempre em alerta.

Contudo, a doença de Mattie tinha uma vantagem para todos nós. Havia uma tendência que ele tivesse ataques mais severos nas épocas de frio. Então, sempre que nossos pais tinham dinheiro, viajávamos em algum feriado durante o inverno. Fazíamos pacotes turísticos bem básicos para lugares próximos, como Tenerife ou Mallorca, e economizavam em tudo o que podiam. Nossa família era composta por oito pessoas – portanto, essas viagens podiam ficar bem caras. Nos anos em que não podíamos arcar com um feriado fora do país, íamos a lugares como a Ilha de Wight e ficávamos em parques temáticos.

Em um ano, quando os negócios deram um retorno muito bom, nossos pais decidiram dar um passo além pelo mundo e organizaram nossa primeira viagem de grande porte. Escolheram a ilha de St. Kitts, no Caribe. Não tínhamos dinheiro para pagar um hotel cinco estrelas para toda aquela gente. Como papai e mamãe não eram o tipo de casal que precisava estar cercado por artigos de luxo, ficamos num hotel mais em conta que era limpo e amigável.

Foi a primeira vez que fui a um lugar exótico, e todos ficamos encantados com aquela areia branca e o mar azul cristalino, envolto por florestas exuberantes. Foi o mais perto do paraíso que já tinha chegado, então na maior parte do dia eu ia mergulhar de *snorkel*, com os olhos bem atentos aos peixes coloridos que passavam por baixo das ondas.

Mamãe e papai também gostavam de nadar, mas, mais do que isso, gostavam de tomar banho de sol. Trabalhavam muito, por isso aproveitavam ao máximo a oportunidade para relaxar. No entanto, naquela ocasião, papai relaxou um pouco demais e acabou sofrendo uma insolação com aquele intenso sol tropical. Voltou vermelho como um camarão; parecia o típico turista britânico.

Certo dia, um dos vendedores de coco na praia percebeu o sofrimento e desconforto do meu pai e se aproximou dele, que estava sob um guarda-sol.

– Isso parece bastante dolorido, senhor. Tente aplicar um pouco disso.

E entregou ao meu pai uma planta larga e grossa. Uma espécie de bálsamo gelatinoso pingava de uma das pontas abertas, no lugar de onde foram retirados os espinhos da folha.

– Esfregue isso na pele – sugeriu o homem.

Meu pai seguiu o conselho e ficou impressionado com o alívio imediato que sentiu em sua pele queimada.

– Chama-se Aloe Vera.

Todos experimentamos e o homem estava certo. Parecia ar-condicionado para a pele. Era incrível.

Era meados dos anos de 1990, e nenhum de nós jamais tinha ouvido falar nessa planta milagrosa chamada Aloe Vera. O eterno empreendedor, em meio à sua sofrida insolação, viu uma ótima oportunidade de negócio.

Pelo resto do dia ele conversou com mamãe sobre o assunto, e formularam um plano. Enquanto ainda estávamos de férias, encontraram um fornecedor que manipulava artigos cosméticos de Aloe Vera e encomendaram um lote de loção pós-sol. Os dois decidiram criar sua própria marca e enviar a loção para o Reino Unido, onde poderiam vendê-la nos eventos de moda do verão. Chegaram até a testá-la em um laboratório em St. Kitts e em outro no Reino Unido, para garantir que era clinicamente seguro para uso. Em um período de duas semanas de férias, eles ampliaram seu negócio de moda para produtos de beleza.

Logo após voltarmos de viagem, o primeiro lote da loção Forkan de Aloe Vera chegou em nossa casa do Caribe. Minha mãe fez a logomarca usando Clipart do Microsoft Word; selecionou um sol, mas o coloriu de verde para aludir à planta; era uma coisa bem básica, feita sem muito luxo. Em seguida, imprimiu centenas de etiquetas e fomos convocados a grudá-las nos frascos plásticos em que o produto foi transportado. O controle de qualidade não foi muito alto naqueles primeiros carregamentos, então algumas das etiquetas ficaram tortas e enrugadas.

A ideia era boa, mas, com toda a sinceridade, parecia amador demais, como algo que eu teria criado num projeto de escola. Ainda assim, nossos pais perseveraram e, no verão seguinte, minha mãe foi para Ibiza com algumas modelos que trabalhavam nos eventos de moda, levando uma mala cheia daquela loção. O grupo passou uma semana caminhando pelas praias vendendo e promovendo a marca. Apesar de seus esforços, aquilo nunca foi para a frente.

Além de ter gerado uma oportunidade de negócios, aquela viagem para as Índias Ocidentais reacendeu o interesse do meu pai por viajar. No Natal seguinte, fomos para as Ilhas Canárias, mas meu pai não conseguia esconder que queria ir mais longe pelo mundo. Talvez tivesse percebido que não era uma coisa tão difícil viajar longas distâncias com uma família jovem. Todos lidávamos bem com voos e *jet lags*, e aceitávamos bem as mudanças climáticas e culturais de nossas aventuras. Mamãe também começou a alimentar uma ambição de desbravar o mundo. Ela nunca tinha viajado e estava aberta a novas experiências.

Até hoje não tenho certeza sobre seus reais motivos, mas, no ano seguinte ao que fomos para as Ilhas Canárias, quando eu estava com treze anos, eles colocaram a casa à venda. Engraçado que não pareciam estar com muita pressa para encontrar outro lugar para onde ir. Acho que o plano era reavaliar a vida deles, ver quais opções existiam e, se necessário, alugar algum local enquanto decidiam o que fazer. Ninguém se intrometeu; afinal de contas, éramos apenas crianças.

Enquanto a casa ainda estava à venda, eles marcaram nossa próxima viagem: para a Índia. Eu estava mais empolgado com as férias do que com a mudança. Conhecia muito pouco sobre a Índia e, quando contei sobre a viagem aos meus colegas de escola, que tinham passado as férias na Disney ou no Mediterrâneo, eles riram.

– Por que vão para lá? Não há nada para fazer e todos vivem em favelas.

Em suas viagens, papai nunca tinha ido à Ásia e sonhava em conhecê-la, então ambos encontraram um pacote de última hora para um resort à beira-mar em Goa.

Rapidamente tratamos de tomar nossas vacinas contra febre tifoide, papai comprou um exemplar do guia de viagens *Lonely Planet* e, após o fim das aulas, nós oito partimos para o outro lado do mundo para vivenciar o subcontinente indiano.

É possível dizer que, quando aterrissamos, nossa vida tomou uma direção completamente nova. Nenhum de nós jamais vivera nada parecido. Assim que saímos do aeroporto, a Índia estava diante de nossos olhos: barulhenta, colorida, caótica, quente e estonteante. Foi incrível. Tinha um cheiro diferente de qualquer outro lugar. As pessoas eram, ao mesmo tempo, amigáveis e loucas. Havia um bilhão de pessoas tentando viver em um lugar do tamanho da Europa; era parte abarrotada de gente, parte um deserto aberto. Um caldeirão extraordinário em que diferentes religiões, culturas e castas – hinduístas, cristãos, muçulmanos e budistas – procuravam coexistir em meio a uma umidade que parecia pendurada no pescoço como uma toalha molhada que atormentava os sentidos.

Na saída do terminal do aeroporto, a primeira coisa que notamos foram os mendigos e os vendedores ambulantes. Todos se amontoaram à nossa volta, crianças e adultos. Pareciam abutres. Tentavam puxar nossas malas para carregá-las em troca de dinheiro, mas não sabíamos em quem confiar. Nossos pais tentavam ficar de olho em nós seis, enquanto permaneciam atentos à multidão que nos cercava e às mãos que tentavam pegar nossa bagagem. Motoristas de táxi tentavam nos persuadir para entrarmos em seus veículos. Foi um alívio quando localizamos o ônibus que nos levaria para o hotel que tínhamos reservado.

O alívio não durou muito. O trajeto até o hotel era insano. Quando o ônibus saiu do estacionamento e adentrou o sistema viário, Paul e eu ficamos de queixo caído observando a loucura que nos rodeava. Tinha gente por todo o canto, e a maioria parecia ter um desejo suicida. As pessoas nas bicicletas seguravam-se nos caminhões, crianças andavam na frente dos carros e centenas de motocicletas faziam miséria em meio às frestas no trânsito; pareciam vespas irritadas. E, a cada cem metros, um burro, cavalo ou vaca perambulava por aquela confusão.

"Que diabos está acontecendo aqui?", pensei comigo mesmo. O caos era perturbador. Eu estava nervoso e excitado ao mesmo tempo. Carros atravessavam a frente do ônibus e, no último segundo, viravam em pequenas ruas. Buzinas berravam. Pessoas gritavam. Não havia ordem. Era como um manicômio.

Quando saímos do centro da cidade, a viagem nos levou para partes de florestas em que a estrada era apenas uma pista empoeirada. De tempos em tempos, o ônibus chacoalhava para a direita e para a esquerda, conforme o motorista tentava desviar dos imensos buracos no caminho. Havia pessoas vivendo de forma precária nas margens da estrada, vendendo frutas ou outros produtos. Parecia que tínhamos voltado cem anos na história. Era a primeira vez que estava vendo o mundo em desenvolvimento, e eu não sabia se ria ou chorava. Para onde nossos pais nos tinham levado?

Nosso destino, Goa, fica no oeste do país. Naquela época, o lugar ainda era completamente subdesenvolvido em termos de estrutura turística. Era, basicamente, um resort hippie, conhecido entre os viajantes por suas praias e locais históricos. Também era muito barato. Podia-se comer bem por menos de uma libra, e um quarto simples custava só algumas libras por noite.

Goa havia sido colonizada pelos portugueses, após comerciantes terem aportado lá no século XVI, e ainda era possível observar muita influência portuguesa na arquitetura. Ficamos perto da praia num lugar chamado "Beira Mar", um pequeno complexo hoteleiro, com piscina e restaurante, que parecia com a acomodação mais barata que se poderia encontrar no Algarve. Dividi um quarto com o Paul. Nele havia duas camas, um ventilador e um banheiro. Era o básico, sem frescuras, mas era só o que precisávamos, pois estaríamos fora na maior parte do tempo.

Ficamos lá por duas semanas, e todos os dias eram repletos de novas experiências e atividades. Fomos ao zoológico e vimos animais que nem imaginávamos existir. Foi uma experiência e tanto quando os animais foram alimentados: serviam-lhes comida viva. Os grandes felinos eram alimentados com galinhas, e os répteis, com ratos. Lembro-me de ver um rato amedrontado no canto de um tanque de vidro, pois ele sabia que seria comido pela cobra enrolada pacientemente no outro canto, esperando o momento certo para atacar. Havia um elefante acorrentado a uma árvore que parecia bem tranquilo. O animal era imenso e podia ter facilmente arrancado a árvore pela raiz. Como muitas coisas na Índia, crueldade e maravilha pareciam dois lados de uma mesma moeda. Era justamente aquele choque de beleza e de horror que tornava o lugar tão inebriante. Muitos mendigos que vimos eram deficientes físicos. Alguns eram amputados, outros, desfigurados, ou ainda sofriam de alguma doença. Era chocante. Vimos crianças trabalhando nas margens da estrada vendendo frutas e outras pedindo esmolas nas praias.

Contudo, por trás desse véu, à medida que fomos nos acostumando aos sons e imagens tão estranhas para nós, sentimos uma atmosfera amigável no lugar. As pessoas eram calorosas e acolhedoras.

Regras de saúde e segurança não eram tão rígidas quanto em nossa terra natal. Em um passeio, visitamos cachoeiras espetaculares e nadamos em piscinas naturais sob as quedas-d'água. Um trilho de trem passava no topo das imensas cascatas, precariamente equilibrado nas encostas. Os moradores nos disseram que a linha teve a questionável honra de ser batizada como a estrada de ferro mais perigosa do mundo. As curvas eram tão vigorosas em alguns lugares que, todos os anos, inevitavelmente um trem cheio de passageiros fazia uma curva mais rápida, escapava do trilho e caía penhasco abaixo. Tínhamos um guia turístico que nos encorajou a beber a água das piscinas em que as pessoas nadavam.

– Muito limpa, boa para vocês – explicou ele. Nós recusamos e preferimos ficar com nossas garrafinhas de água mesmo.

À noite, jantávamos no hotel ou em algum restaurante na praia. Mamãe e papai nunca foram cuidadosos demais com isso; acreditavam que, se você fosse a algum lugar, deveria explorar e comer onde os moradores da região comiam. Dor de barriga por conta da comida condimentada fazia parte da experiência, embora todos nós procurássemos evitar esse problema em particular. Havia algumas pizzarias pequenas nos arredores da cidade e um restaurante italiano administrado apenas por cozinheiros indianos, que usavam ingredientes locais e muita criatividade gastronômica para criar pratos "autenticamente" italianos, mas consumíamos principalmente comida indiana ou nepalesa, que eram deliciosas.

Visitamos templos impressionantes. Mamãe e papai não eram religiosos, mas se interessavam por espiritualidade e cultura. Conhecemos um pouco da vida selvagem local. Descansamos na praia ou à beira da piscina. Nadamos no mar azul e quente e compramos um conjunto de críquete para brincar na praia. A Índia é um país fanático por críquete e, assim que montamos a brincadeira, as crianças vieram assistir. Jogamos algumas partidas com as crianças da praia, que trabalhavam nas barracas vendendo lanches e sucos de fruta.

Um dia, nossos pais decidiram nos levar para a casa de uma criança que morava por lá. Mamãe, principalmente, nunca tentou embelezar a pobreza inerente daquele país. Ela tinha um senso aguçado de justiça social e frequentemente nos lembrava de como éramos sortudos. Havia uma instituição de caridade que operava dentro e nos arredores de Goa, que cuidava de crianças órfãs, e nossos pais conversaram com um dos voluntários. O voluntário os convidou para acompanhá-lo e decidiram que seria bom vermos como viviam as pessoas menos afortunadas. Mamãe e papai eram pessoas bastante atenciosas e filantrópicas, e acreditavam que isso nos auxiliaria a perceber como éramos abençoados. Queriam nos mostrar o outro lado do mundo, mesmo durante as férias. Então fomos até a tal casa e conhecemos algumas crianças. Foi apenas uma breve visita, mas suficiente para deixar gravada em nós uma perspectiva diferente. Depois daquilo, ficamos pensando naquelas crianças. Era difícil compreender como era ser um órfão na posição deles. É uma situação em que criança nenhuma deveria estar, mas, tragicamente, isso acontece. Talvez aquela rápida visita tenha nos ajudado a valorizar nossos pais ainda mais.

No dia anterior ao nosso regresso, despedimo-nos das crianças que conhecemos na praia e demos-lhes camisas de futebol e o conjunto de críquete. Dissemos adeus à Índia, mas carregamos um pedaço dela conosco. Muitas pessoas que viajam para lá dizem que, apesar de ser um país cruel e chocante, ele também fica impregnado na mente e, embora possa ser um lugar frustrante, é igualmente encantador. Nossos pais ficaram fascinados pela Índia. Apaixonaram-se pelo lugar e pelas pessoas. E, assim que voltamos, começaram a fazer planos.

CAPÍTULO 3

Expandindo os horizontes

Mamãe e papai não perdiam uma boa oportunidade. Não deixavam a vida passar. Nos negócios, ele não ignorava nada que achasse que pudesse dar certo, como a tal loção de Aloe Vera. Era do tipo que seguia os instintos, tinha um senso aguçado de certo e errado e era questionador. Fazia o estilo "você só vive uma vez, então aproveite ao máximo". E ele aproveitava.

A Índia acendeu alguma coisa dentro dele e de mamãe. Acho que ambos tiveram uma epifania enquanto estavam lá e perceberam que havia chegado a hora de mudar. Papai também queria nos mostrar o mundo e expandir nossos horizontes. Apesar de não ser um acadêmico, ele tinha conhecimento suficiente para saber que a escola não fornecia respostas para tudo. Acreditava que seríamos seres humanos melhores e mais completos se vivenciássemos o mundo, e isso não seria algo que aconteceria nas carteiras de uma sala de aula em Croydon.

Ao retornarmos da Índia, os dois estavam em uma encruzilhada: havia um comprador para a casa e nenhum plano formado sobre o que fazer com o dinheiro da venda. Aquela casa tinha sido seu lar pelos últimos vinte anos, e foi onde nos haviam criado. A propriedade era muito bem avaliada no mercado, portanto, não queriam tomar uma decisão apressada a respeito de onde investiriam a seguir. Marie e Jo já eram mais velhas e não demoraria muito para que todos nós começássemos a sair do ninho; desta maneira, eles estavam receosos quanto a comprar outra casa grande e continuar a viver o mesmo padrão de vida. As ideias começaram a brotar. Consideraram a possibilidade de mudar para o Caribe e começar um negócio de exportação de cabanas de madeira. Mas a Índia continuava a povoar a mente deles.

Acima de tudo, acredito que eles estavam desiludidos com toda aquela correria. Os negócios eram um sucesso e tinham lhes garantido uma vida bastante confortável, mas eles pagaram um preço muito alto por isso. As horas eram intermináveis. Trabalharam de sol a sol por muitos anos enquanto criavam uma família imensa. Chegavam a trabalhar seis ou sete dias na semana, porque, quando se tem o próprio negócio, você nunca realmente desliga a cabeça daquilo. Frequentemente eles chegavam em casa de um evento no meio da noite, jantavam e eram os primeiros a acordar e começar tudo outra vez. Mesmo quando se ama o que se faz, esse ciclo pode se tornar cansativo. Os negócios também estavam começando a desacelerar. A recessão estava aliviando, as pessoas compravam roupas pela internet, havia *outlets* mais em conta. Agora a concorrência era muito maior. O que eles queriam era uma mudança de ritmo e cenário.

A venda da casa e as férias na Índia geraram as condições perfeitas. Pela primeira vez em muitos anos, eles sentiram que tinham a liberdade de fazer algo diferente, então decidiram: "Que se dane! Vamos ampliar nossos horizontes!".

Não sei bem ao certo por quanto tempo os dois pensaram a respeito da decisão radical que acabaram tomando. Para mim, pareceu uma decisão repentina, mas talvez estivessem planejando aquilo por anos, e nos levaram para a Índia nas férias como um tipo de teste, para ver como reagiríamos, se gostaríamos ou não. Nas semanas posteriores ao nosso retorno, eles não paravam de dar deixas.

– Então, o que acharam de lá?

– Vocês gostaram?

– Gostariam de voltar para lá?

Era janeiro, início de um novo ano escolar, o assunto veio à tona mais uma vez. Estávamos todos sentados na sala naquela noite.

– O que achariam se lhes disséssemos que estamos pensando em nos mudar para a Índia por alguns meses para viajar pelo mundo? – perguntou mamãe.

Ficamos surpresos e animados.

– É sério? – perguntei.

– É uma ideia – disse ela.

Perguntei a respeito da escola e ela explicou que poderíamos estudar em casa. Ela seria nossa professora enquanto estivéssemos viajando. Parecia uma ideia maluca, mas muito legal, pelo menos para mim. Naquela altura da vida, você não questiona seus pais, e sim confia em seu discernimento.

As opiniões no resto da família estavam divididas. Paul, Mattie e Rosie gostaram da ideia. Mattie e Rosie eram novos e, naturalmente, seguiriam nossos pais para onde quer que fossem. Mattie era o queridinho da mamãe e Rosie adorava aventuras. Ela se tornara uma moleca com o passar dos anos, pois não desgrudava de seus três irmãos mais velhos, em vez de se juntar às irmãs. Ela não podia brincar com as meninas mais velhas por causa da grande diferença de idade, então acabava escalando árvores e ganhando arranhões conosco.

Marie e Jo não ficaram tão à vontade. Tinham curtido as férias, mas não caíram de amores com a perspectiva de viajar por tantos meses em um país em que os recursos eram mínimos, para não dizer inexistentes. As duas eram mais maduras, já tinham namorados e empregos, e não queriam deixar essas coisas para trás. Por isso, a ideia de largar tudo não era muito atraente aos olhos delas.

Conforme os dias passaram, nossos pais ficaram cada vez mais certos de sua decisão, e nós cada vez mais animados. Eles conversaram com nossas irmãs mais velhas: ofereceram pagar-lhes viagens independentes, se quisessem, ou uma ajuda com moradia, se preferissem ficar na Inglaterra. As duas decidiram que queriam morar com os namorados. Nossa avó ficou a postos para dar qualquer auxílio que precisassem também. Mamãe e papai pediram para mim e Paul que fôssemos à escola explicar aos professores que iríamos morar na Índia por uns tempos.

Aquela foi uma das melhores e mais bizarras conversas que já tive com meus professores.

– Meus pais pediram para lhes dizer que vamos sair da escola. Vamos morar na Índia! – expliquei.

Os professores não acreditaram em mim, mas a realidade dos fatos era que não havia nada que as autoridades educacionais pudessem fazer. Eles não podiam nos obrigar a ficar, se fôssemos morar fora do país.

Embora parecesse uma decisão tomada por impulso, a hora não podia ser mais perfeita. Eu tinha cursado apenas dezoito meses do ginásio, Paul ainda iria começar, mas a vida acadêmica continuava a ser uma luta para ele, e Mattie e Rosie eram jovens demais; aprenderiam muito mais viajando do que sentados dentro de uma sala de aula.

Os outros membros da família, quando souberam da novidade, acharam que nossos pais haviam enlouquecido. No início, pensaram ser uma piada. Depois, quando perceberam que não era, entraram em estado de choque. Parecia completamente aleatório e repentino. Tínhamos voltado de férias há apenas algumas semanas e lá estávamos nós, prontos para nos tornar uma família de itinerantes. Nossas tias, tios e avós foram veementemente contra nossos planos. Perguntaram por que nossos pais estavam fazendo aquilo e sustentaram que precisávamos continuar na escola e receber uma educação adequada. Quem sabe tivesse sido mais fácil para eles se estivéssemos indo para a França ou Espanha; mas para a Índia? Era ridículo, diziam; um sonho impossível. Mas já não era novidade que nossa família era do tipo excêntrica e incomum. Nunca obedecemos às regras sociais e não importava o que eles pensavam. Uma vez que minha mãe ou meu pai decidiam alguma coisa, era difícil arrancar a ideia da sua cabeça. Se dissesse ao meu pai que ele não podia fazer alguma coisa, ele iria fazê-la de teimosia, só para provar que a pessoa estava errada. Foi uma característica que todos desenvolvemos com o tempo. Não dávamos muita bola para os outros, principalmente os derrotistas.

Quanto a mim, eu estava numa boa. Quando se é criança, você não se preocupa com nada. Não pensava que pudesse haver perigos. Eu só estava empolgado. Você presume que, se seus pais estão fazendo isso, então deve estar tudo bem. Eles eram nossos líderes e jamais demonstraram preocupação, então nós os seguimos.

A Rose Fashions estava encerrando as atividades, a venda da casa foi concluída e fizemos uma limpeza geral. Foi quase como limpar nossa vida de todas as posses que tínhamos. A maioria das coisas foi dada a familiares, amigos e casas de caridade. Não éramos o tipo de família cercada por bugigangas, mas a maior parte do que tínhamos seria inútil para onde estávamos indo e, se não desse certo por lá e voltássemos para casa, poderíamos comprar tudo de novo. Afinal de contas, eram apenas coisas.

– Cada um de vocês pode levar uma mala e, o que quiserem levar, terão que carregar consigo – explicou o papai. Viajaríamos com o mínimo. De tão barato que tudo era na Índia, poderíamos substituir o que quer que fosse. Meus itens de luxo eram uma raquete de tênis e um bastão de críquete. Paul levou camisas de times de futebol. As coisas mais valiosas que decidimos conservar foram colocadas num depósito para quando decidíssemos voltar.

Quando chegou a hora de partir, fui me despedir dos meus amigos. Eu tinha alguns grupos de amigos mais chegados; costumo encontrar com eles até hoje. Um era um grupo de rapazes do colégio que adoravam esportes: Craig, James e Dean. Também tínhamos amizade com outros caras que faziam divisa com nosso quintal dos fundos: Mark e Dom. Eles adoravam futebol, bicicletas e lutas de pistola de água. Havia também uma família italiana que morava ali perto com dois garotos, Steph e Sandro, de quem éramos amigos também. Seu tio criou a cadeia de cafés Costa Coffee. Nossos pais permitiram que fizéssemos uma festa de despedida por toda a noite no contêiner. Alguém conseguiu arranjar vários engradados de cerveja – depois de bebê-las, escondemos as garrafas vazias em um saco de lixo embaixo do contêiner, presumindo que, como estávamos de partida, nossos pais nunca saberiam daquilo, e só quem descobriria seriam os novos moradores. Mas Mattie descobriu o tal saco e contou aos nossos pais, o que nos rendeu uma bronca sem tamanho.

Foi comovente quando saímos de casa. Havia uma vida cheia de memórias ali, mas deve ter sido muito mais difícil para nossos pais, pois lá fora sua primeira e única casa juntos. Lá eles criaram seus seis filhos. E justamente aquilo me fez pensar que eles estavam totalmente certos de sua decisão. Os dois tinham paixão por viagens e aventuras. Mamãe nunca havia viajado e queria conhecer o mundo, então todos dissemos adeus à nossa vida nos subúrbios, despedimo-nos de nossas irmãs no aeroporto e, no início de 2001, embarcamos num avião de volta para a Índia, apenas algumas semanas após termos voltado de nossa primeira viagem para lá.

Estávamos novamente a caminho de Goa, para ficar no Beira Mar. Havia uma casa dentro do terreno com espaço suficiente para acomodar uma família grande, então mamãe e papai a alugaram, e lá se tornaria nossa base. Planejamos ficar ali, mas faríamos viagens para outras partes do país de tempos em tempos. No voo, fizemos uma escala na Jordânia e permanecemos lá por alguns dias, visitando a antiga cidade de Petra, que era maravilhosa. Dali fomos para Mumbai, porque era mais barato, e, do aeroporto, contratamos um motorista que nos guiou numa viagem de dezoito horas até a nossa futura casa. Foi um trajeto ainda mais angustiante do que nossa primeira experiência nas estradas indianas, e o pior foi que o motorista decidiu que não faria paradas. O veículo era uma van grande e o caminho percorria lindas montanhas. Porém, não conseguimos curtir muito a paisagem, pois o motorista não parava de dormir ao volante. Ele só parava para comer ou para ir ao banheiro, e teve um momento em que procurou um farmacêutico para conseguir alguns comprimidos que o manteriam acordado. Mamãe também ficou acordada, aterrorizada com o homem ao volante que não parava de cochilar e toda hora derrapava na pista. Ela não conseguiu relaxar e tratou de nos orientar para manter o motorista distraído.

– Não pare de falar com ele – sussurrou ela. – Faça qualquer coisa para mantê-lo acordado.

Então, para a melhor parte da viagem, nós começamos a atormentar o homem, puxando suas orelhas, fazendo perguntas e mais perguntas, cantando, gritando e fazendo muito barulho.

Papai também estava tendo uma viagem horrível. Desde o acidente de carro em que se envolveu quando estava na Austrália, ele tinha desenvolvido uma fobia a estradas e pontes. Ficava ansioso só de dirigir nelas na Inglaterra, e no trajeto até Goa, em estradas perigosas e com um motorista sonolento, passando entre barrancos montanhosos, aquela ansiedade só piorou. Papai passou metade da viagem encolhido no assento com uma jaqueta cobrindo a cabeça.

Incrivelmente, chegamos a Goa intactos e nos acomodamos na casa, que era limpa e confortável, com quatro dormitórios. Nossos pais ficaram em um, Mattie e Rosie tinham seus próprios quartos, e Paul e eu dividimos o outro. À noite, o som das ondas embalava nosso sono.

A casa ficava a cerca de duzentos metros da praia. Tinha um pequeno jardim, mas raramente o usávamos. Havia uma televisão na sala na qual assistíamos a futebol de vez em quando, sempre que estava ligada. Papai assistia ao canal de notícias da BBC para se atualizar dos acontecimentos em nossa terra natal, mas na maior parte do tempo aproveitávamos para nadar e brincar na praia. Havia um banheiro com chuveiro e uma privada decente, o que era um alívio. Descobrimos em nossa primeira viagem que as dependências dos banheiros no país variavam muito, dependendo de onde se estivesse. Às vezes, eram apenas amontoados de madeira com um buraco no chão. A primeira vez que usei um desses, estávamos num restaurante duvidoso. Entrei e pensei: "Mas que diabos…?".

Também havia uma cozinha com um forno, mas raramente a utilizávamos. Quase sempre comíamos fora. Era tão barato que não fazia sentido cozinhar. Podia também ser um problema preparar a própria comida. Se quisesse comer frango, era preciso que você mesmo matasse o animal. Tinha que abrir, tirar suas tripas e arrancar a cabeça, então cortar parte por parte. Não valia a pena, e sempre era divertido sair para comer fora e sentarmos juntos à mesa, já que na Inglaterra só saíamos de vez em quando, porque nossos pais trabalhavam demais.

Eles nos incentivavam a explorar como se estivéssemos na Inglaterra. Não havia desculpas para ficar dentro de casa. Tínhamos uma praia e o clima a nosso favor. Brincávamos o dia todo.

Passamos a primeira semana descansando, acostumando-nos com o lugar e fazendo planos. Havia muito o que ver, e tínhamos uma lista de lugares que gostaríamos de visitar. Conversamos com turistas que estavam hospedados no hotel e soubemos de alguns lugares incríveis para ir. Algumas atrações estavam fora de cogitação, no entanto, por causa da asma do Mattie. O Taj Mahal era um desses lugares. Os níveis de poluição em Agra, onde fica o palácio, eram perigosamente altos, e seria muito arriscado levar nosso irmãozinho para lá – as condições do ar podiam lhe causar um ataque.

Senti-me em casa desde que cheguei. A Índia me encantou. A maioria das pessoas que vão para lá dizem ser o melhor lugar que já visitaram. Antes de ir, é difícil compreender, porque, à primeira vista, não é um dos lugares mais agradáveis. É como se você tivesse voltado no tempo em certos locais não só por causa da falta de infraestrutura e confortos; há também regras e costumes antigos que ainda influenciam a vida. Certos ramos da sociedade são tratados de forma degradante em virtude de sua educação ou sua casta. Há também muita pobreza, que é bastante difícil de ver. A cultura como um todo é completamente diferente. No início, você fica chocado, mas, quando se acostuma, aprende a ver o que existe por baixo da superfície e percebe o quanto aquilo é especial. Próximo de onde ficamos, havia casas em árvores que os turistas podiam alugar. Eram simples por dentro, apenas com uma lâmpada, um ventilador e uma cama. Os lençóis eram velhos e os hóspedes dividiam suas acomodações com baratas e outras espécies selvagens indesejáveis. Para alguns, uma noite lá seria como uma noite na prisão. As cabanas eram remotas. Mas à noite, as estrelas eram tão brilhantes que chegavam a refletir no mar. A Índia prega certas peças em você, fazendo-o quase deixar passar em branco o que está diante dos seus olhos. Uma vez que é capaz de abstrair os lençóis ruins e as baratas, você percebe que está, na verdade, no paraíso, em uma deslumbrante praia tropical, com liberdade para fazer o que quiser.

Quando chegamos, o plano era passar quatro meses e depois voltar para o Reino Unido. Mas ele logo mudou. Voltávamos para a Europa periodicamente para visitar a família e os amigos, mas moramos na Índia por quase quatro anos. Mamãe e papai brincavam com a ideia de viajar para mais longe. Pensaram na Austrália e na Nova Zelândia, mas, no fim das contas, a Índia sempre os chamava de volta.

CAPÍTULO 4

A vida na estrada

Gradualmente fomos nos acostumando à rotina algumas semanas após nossa chegada. Como havia prometido, mamãe tentou nos dar aulas em casa. Nossa primeira lição foi na praia, perto de casa. Sentamo-nos na areia quente, sob um guarda-sol feito de folhas de palmeira. Mamãe trouxe alguns livros e pegamos alguns cadernos de exercícios para escrever. O mar quebrava convidativamente na orla a alguns metros de nós. Era difícil de se concentrar. As lições não duraram muito, pois, como cada um de nós estava em séries diferentes, era difícil acompanhar quem estava fazendo o quê. Paul perdeu o interesse quase imediatamente. Eu frequentemente me atinha às artes e fazia esboços da paisagem.

Mamãe e papai incorporaram cada vez mais aquele estilo de vida. A Índia é bastante espiritual, e alguns dos lugares que visitamos emanavam uma atmosfera quase sobrenatural. Visitamos templos incríveis e lugares santos e, mesmo ainda jovens, apreciávamos as maravilhas sagradas de lá. Fomos ao templo Shri Mangeshi, dedicado ao deus hindu Shiva. Com suas características coloridas e intrincadas, o vasto lugar sagrado ficava numa clareira no meio da densa floresta, e era um dos maiores templos de Goa. Olhamos com muita atenção os detalhes das construções: o salão com um domo, a torre luminosa octogonal de sete andares. Sentia-me como se fôssemos exploradores num filme de Hollywood.

Certo dia, papai anunciou uma nova adição à nossa rotina diária.

– Crianças, vou arranjar para vocês um professor de ioga.

– Um o quê? – reclamamos.

– Ioga. Vai ajudar na concentração e os manterá em forma – prometeu ele.

Ioga era uma coisa forte na Índia. Todos faziam, e papai vinha se interessando mais e mais por aquela prática; ele era um hippie de coração. A disciplina espiritual hindu tinha saído de moda na Inglaterra depois de ter feito fama nos anos 1970, mas para muitos indianos era uma filosofia de vida. Para eles, era uma prática religiosa e meditativa, não apenas uma ginástica para manter o corpo bonito.

Alguns dias depois do anúncio, um homem esquisito chegou na nossa casa, carregando um tapete enrolado embaixo do braço. Era alto e careca, com um cavanhaque. Usava uma calça larga igual à do Aladdin e um colete. Era forte e magro, e falava de forma lenta e hipnótica. Esse era o nosso professor de ioga; meio hippie, meio guru.

Fomos para o jardim e estendemos algumas esteiras de praia no chão.

– Levantem os braços com uma inspiração… segurem… expirem da mesma forma – começou o homem. Seu rosto era uma imagem de contemplação serena, enquanto se contorcia todo em uma posição bem incomum de se ver.

– Mantenham o foco na respiração.

Olhei para Paul e ele começou a rir disfarçadamente.

O homem mudou de posição.

– … e agora a posição do guerreiro – instruiu ele, dramaticamente, apontando o queixo para cima.

Comecei a rir também. Mattie e Rosie soltaram uma gargalhada e, quanto mais tentávamos não rir, mais o fazíamos. Tentei não olhar para o Paul, mas toda vez que nossos olhos se encontravam, começávamos a rir juntos.

A expressão serena do rosto do homem transformou-se em uma carranca.

– A prática do ioga requer concentração – disse ele.

Ele perseverou por entre nossas risadas, e por várias semanas vinha à nossa casa e passávamos uma hora inteira rindo e tirando sarro da sua cara, enquanto ele tentava nos ensinar a arte da ioga. Éramos recém-saídos de Croydon, no sul de Londres, e usávamos bermudas esportivas e camisas de futebol. Ele era um místico do Oriente e portava um colar de sementes. O choque cultural não podia ser mais aparente.

Pouco depois de termos chegado, possivelmente quando ficou nítido que o ensino em casa não iria funcionar, fomos matriculados em uma escola indiana. No entanto, por não sabermos nem uma palavra de hindi e não conhecermos nada sobre a cultura e a história do país, estávamos atrasados nas matérias dos nossos respectivos anos escolares e fomos colocados em salas com crianças mais novas. Paul estava com cerca de doze anos e foi colocado em uma sala com crianças de oito anos. A escola ficava num prédio colonial em estilo vitoriano. Era austera e rígida. Não havia professores homens, e as mulheres tinham que ser chamadas de "senhora". Tudo era muito antiquado – e a um mundo de distância da escola de Croydon à qual estávamos acostumados. A professora-chefe caminhava ameaçadoramente com uma vara e, pelas manhãs, fazíamos uma espécie de marcha. Parecia que estávamos na época dos livros de Dickens. No parque, jovens de dezoito anos brincavam de amarelinha e pulavam corda. Isso jamais aconteceria em Croydon: já seria ultrapassado até para crianças de sete anos e, aos dezoito, algumas garotas já estariam com seu segundo filho!

O uniforme era estritamente obrigatório. Usávamos bermudas de sarja azul com camisas brancas. Nos dois dias na semana em que fazíamos Educação Física, usávamos as mesmas bermudas, mas com uma camisa polo branca. Tínhamos que usar sapatos polidos de couro bem elegantes e meias na altura dos joelhos. Eu achava aquilo engraçado; no início, parecia quase uma festa a fantasia.

Era uma escola particular, e o valor era de cerca de três libras por período, muito mais do que a média das famílias nativas podia pagar. Por ser um colégio de elite, havia muitas crianças ocidentais, mas não muitos britânicos. A maioria vinha de famílias excêntricas que tinham decidido trilhar um caminho mais hippie e se perderam. Um garoto da minha sala estava numa viagem com os pais, cruzando metade do planeta desde o Reino Unido, em um carro militar que havia sido usado na Guerra do Golfo. Só posso imaginar como deve ter sido quando eles cruzaram o Oriente Médio. Eram viajantes extremos. Alguns dos filhos tinham até *dreadlocks*. Eu sentia pena deles. Uma garota muito nova estava grávida de um dos habitantes. Algumas crianças tinham assimilado tão bem a cultura indiana que usavam joias e roupas iguais às dos nativos quando estavam do lado de fora. Paul e eu, no entanto, sempre nos vestíamos com roupas esportivas casuais e nos portávamos como bons ocidentais.

Fizemos amizade na escola com facilidade. Havia alunos de toda a Europa, mas a maior parte era da Alemanha e da Holanda. Muitos tinham pais trabalhando em Goa. Também fizemos amizade com algumas crianças que trabalhavam nas barracas da praia e descobrimos uma equipe local de futebol amador com a qual jogávamos. Depois de um tempo, uma família inglesa com filhos se mudou para a casa ao nosso lado. Assim como nós, eles usavam o recanto como base para viajar pelos arredores. Havia também alguns casais britânicos mais velhos que visitaram Goa de férias e voltaram para morar lá quando se aposentaram. Uma pensão britânica ficava em um lugar mais afastado, se você fosse aventureiro o bastante para ir. No fim das contas, porém, não existiam muitas crianças ocidentais onde morávamos, então brincávamos com a garotada que trabalhava nas barracas da praia vendendo suvenires para os turistas. Muitos eram de nossa idade, alguns nem mesmo adolescentes, e viviam longe de seus pais, que moravam em algum lugar no país, frequentemente em vilas pobres e distantes ao norte. As crianças eram enviadas para as áreas turísticas ao sul para trabalhar e mandar dinheiro para casa. Dormiam nas próprias barracas de praia à noite. Nunca reclamavam e trabalhavam arduamente sob o sol intenso. Viam aquela situação como uma oportunidade e uma aventura. Éramos uma curiosidade, já que existiam poucas crianças brancas morando na região. A maioria falava inglês, e as que não falavam comunicavam-se pelo críquete.

Muitas vezes, famílias indianas mais ricas visitavam a praia durante as férias, vindas de cidades grandes, e queriam brincar e conversar conosco, já que era bem-visto ter contato com ocidentais. Mas eles não queriam que as crianças locais brincassem junto, devido ao sistema de castas da região. Eles eram de castas superiores e as mandavam sair de perto, mas nós insistíamos e defendíamos os mais pobres. Seu sistema social era tão rígido que, em vez de burlarem suas regras e brincarem conosco, preferiam ir embora. Não conseguiam entender por que ocidentais ricos queriam passar tempo com trabalhadores de praia. Mas as crianças que conhecíamos eram muito mais legais e verdadeiras.

O Clube Estadual de Críquete de Goa ficava ali perto, e papai costumava levar a mim e a Paul para treinar com eles. Éramos as únicas crianças brancas no time, e, embora fossem todos amigáveis e acolhedores, deram-nos os apelidos de "macacos branquelos". Era uma espécie de demonstração de racismo, mas não havia maldade naquilo. Quando contamos ao papai, ele disse:

– Agora vocês sabem como é para as pessoas do outro lado do mundo.

Depois de alguns meses, ficamos entediados com a escola e tentamos explicar aos nossos pais que não estávamos aprendendo nada de útil. O sistema de aprendizado em casa voltou, mas não era tão rígido quanto as autoridades de educação do Reino Unido exigiam. Era difícil se concentrar quando a praia e o mar acenavam de forma tão convidativa a poucos metros.

Demoramos para nos acostumar com algumas coisas. A pontualidade no transporte público era tida com um alto grau de orgulho profissional, contudo, longe dos trilhos, as coisas só eram feitas quando eram feitas. A maioria das pessoas funcionava no "tempo indiano". Você podia sair para jantar e sua refeição só chegava duas horas depois. Ter paciência foi uma virtude que adquirimos. As cidades eram, em geral, frenéticas, mas, uma vez longe delas, o país se estabelecia em um ritmo de vida muito mais sossegado.

Os preços geralmente eram um mistério. Você pagava o que achava ser um preço justo, nunca o que fora inicialmente ofertado. Quase nada tinha etiquetas com preços. Aprendemos a arte da negociação e a praticávamos incessantemente. Os preços variavam muito; você podia ir a uma loja e pagar certa quantia por um pão, daí na loja seguinte ele custava o triplo. Aprendemos o valor das coisas. Também aprendemos como pedir coisas no idioma local, o hindi, o que tinha o poder de fazer com que as pessoas percebessem que não éramos meros turistas; isso diminuía as chances de pagarmos preços inflacionados para turistas.

Quando ficaram confiantes o bastante, sentindo que sabiam direito as regras do jogo e como as coisas funcionavam na Índia, nossos pais organizaram nossa primeira viagem para fora.

– Vamos a Kerala – anunciou papai.

Kerala era uma província que ficava a uma longa distância de trem ao sul de Goa. Era próxima do mar e uma parada popular para turistas e viajantes. Havia praias cristalinas e uma rede de represas que irrigava faixas de plantação de arroz.

Tomamos o trem da madrugada e dormimos no vagão com o pessoal da região. Os trens eram como microcomunidades. Pessoas de todas as camadas sociais ficavam amontoadas pelo tempo que durasse a jornada, algumas chegavam a se prolongar por dias, pois as distâncias eram muito longas. Eu adorava. Os vagões tinham beliches e todos conversavam durante a noite. Quase sempre éramos os únicos brancos a bordo e imediatamente estimulávamos a curiosidade dos outros.

– Por que vocês estão aqui, por que não estão na escola? – perguntavam alguns para nós.

O trem para Kerala estava lotado e, em trechos do caminho, pessoas ficavam dependuradas do lado de fora. Durante o dia, alguns subiam para o teto para se refrescar. O banheiro era um buraco no chão do vagão, e você precisava fazer suas necessidades enquanto o trem estava a 150 km/h, chacoalhando violentamente nas curvas. Controle da bexiga foi outra habilidade bastante útil que aprendi.

Nas paradas, um pequeno exército de ambulantes subia a bordo para vender comidas e bebidas e, em intervalos regulares, jovens rapazes caminhavam pelos vagões vendendo *chai*. Descobrimos que o melhor meio de viajar era de trem. As vistas eram surreais, como no filme *Quem Quer Ser um Milionário?*. Era um ambiente sociável e engraçado, e um dos costumes era que todos, quando acordavam, começavam a tossir bem alto para expulsar catarro.

Chegamos à capital de Kerala, Trivandrum, e encontramos um motorista para nos levar ao resort perto da praia. Por causa dos guias turísticos, tínhamos uma ideia de onde queríamos ficar, mas não tínhamos reservado nada, porque nossos pais preferiram checar as acomodações antes. Em nossas viagens, sempre procuravam encontrar lugares que fossem mais familiares. Alguns *hostels* de turistas eram animados demais para crianças. Portanto, tendíamos a ficar em hotéis, casas de família, estações de montanhas e granjas. Custavam um pouco mais, mas, em comparação aos preços na Inglaterra, ainda eram incrivelmente baratos.

Kerala era incrível: praias banhadas pelo sol e com coqueiros imensos. Parecia um cartão-postal tornado realidade. Passamos várias semanas lá. Em alguns dias exploramos um pouco a região; em outros, aproveitamos a praia. As represas eram um ponto de destaque. Os lagos, canais e rios interligados se estendiam por quase metade do estado. Em partes, era como estar na Floresta Amazônica, em outras parecia a baía americana. Havia cidades e vilarejos ao redor, e muitos eram equipados para turistas. Era possível alugar casas-barco em estilo tradicional, que cruzavam os trajetos aquáticos, ou ficar em barracas em estacas sobre a água.

A viagem foi a primeira de muitas. Às vezes viajávamos de trem, às vezes contratávamos um motorista. Fomos nos tornando cada vez mais aventureiros, nunca parando de explorar.

O prazo de quatro meses raramente era citado e, quando passou, obviamente nenhum de nós pensou em voltar. Simplesmente havia muita coisa para ver, e mal tínhamos começado.

Quando, finalmente, voltamos para a Inglaterra, já era verão e tínhamos passado seis meses fora. Acho que nossos pais teriam preferido continuar na Índia por mais tempo, mas eles queriam voltar para ver Jo e Marie, além de colocar o papo em dia com amigos e familiares. Deixamos tudo na nossa casa em Goa. Não tínhamos casa na Inglaterra, então ficamos em uma espécie de casa móvel em New Forest. Havia uma casa pré-fabricada enorme, grande o bastante para nós todos. O lugar tinha uma piscina, áreas de lazer, restaurantes, campos de futebol e quadras de tênis. Não era um paraíso tropical, mas para nós, crianças, era o ideal. Estávamos acostumados a estímulos constantes e precisávamos estar em algum lugar com uma porção de atividades. O plano sempre era voltar à Índia. A casa estava alugada em longo prazo e todas as nossas coisas estavam lá. Porém, sabíamos que ficaríamos na Inglaterra por vários meses, então entramos para o clube de críquete local. Também era bom estar rodeado por crianças ocidentais outra vez, e fizemos vários amigos. Sempre tinha alguém por perto com quem brincar. Alguns achavam difícil compreender a maneira como vivíamos, e os pais dos nossos colegas achavam que éramos malucos.

– Vocês moram onde?

– Moramos na Índia. Viemos de Croydon e ficaremos aqui por alguns meses – eu explicava.

Saímos de uma bela casa de classe média em Purley, depois fomos viajar pela Índia, agora estávamos em uma casa que era praticamente uma barraca grande. Uma trajetória um tanto quanto incomum.

Algumas crianças riam de nós.

– Vocês moram numa barraca!

Mas aquilo não me incomodava, e nossos pais diziam para simplesmente não darmos bola.

– Pense nas crianças que conhecemos em nossas viagens. Veja só o quanto são sortudos em relação a eles. Daqui a alguns meses, vocês estarão de volta à praia, jogando críquete e viajando por aí – falavam.

Foi mais ou menos nessa época que adquiri o apelido Indy, em parte pela minha ligação com a Índia e em parte por causa do Indiana Jones.

Quando o verão chegou ao fim, nossos pais decidiram investir em uma casa pré-fabricada de longo prazo para nós, naquele mesmo lugar. Assim, teríamos uma base para quando viéssemos ao Reino Unido. Eles sentiam saudades de Jo e Marie, e queriam ter algum lugar familiar e permanente para onde pudessem voltar.

Mais uma vez dissemos adeus ao Reino Unido e voltamos para o outro lado do mundo, onde continuamos nossa educação global.

Não demorou, embarcamos em outra jornada e tomamos o trem para o Rajastão, no norte do país. É o maior estado indiano, praticamente do tamanho da Alemanha. A maior parte do território é coberta por um deserto, mas é lindo. Na capital, Jaipur, muitas construções eram feitas com uma alvenaria colorida e, quando a poeira pairava no ar no pôr do sol, a cidade inteira parecia brilhar com um róseo fosco.

Quase não chegamos. A viagem envolvia baldeações de trem, sendo que uma delas aconteceria nas primeiras horas da manhã. Tínhamos de desembarcar de um trem para pegar outro. Na chegada na estação onde faríamos a conexão, que ficava numa cidadezinha remota no meio do nada, terminávamos de sair do trem quando Mattie falou:

– Deixei minha bombinha no vagão.

O Rajastão era conhecido por ser poluído e a bombinha de Mattie talvez fosse o objeto mais importante que tínhamos conosco.

– Eu vou buscar – ofereceu-se Paul. Ele virou-se e voltou para o vagão em que estávamos, enquanto descemos para a plataforma para aguardá-lo.

Após alguns segundos, ouvimos o motor a diesel do trem dar a partida e, lentamente, os vagões começaram a andar.

– Paul! – gritou mamãe.

Meu estômago se contorceu. Após a estação em que havíamos desembarcado, o trem não pararia por um dia. Vimos Paul através da janela do vagão. Gritamos para ele. Havia um olhar de pânico em seu rosto. E ele saiu correndo pelo corredor com sua mochila pulando nos ombros. O trem acelerou, então deixamos nossas malas onde estavam e começamos a correr ao lado para acompanhá-lo.

– Corra, Paul – gritou papai. – Saia do maldito trem!

Meu irmão surgiu na porta. Mamãe tentava chamar alguém na plataforma para tentar fazer parar o trem. Eu fui correndo ao lado da porta.

– Paul, jogue a mochila para mim! – gritei. O trem foi ganhando velocidade, liberando fumaça de diesel no ar noturno. Se ele pulasse com a mochila nas costas, iria se machucar muito.

Paul fez o que dissemos. Peguei a mochila quando ele a lançou por cima da minha cabeça. Em seguida, meu irmão saiu voando: deu um salto um pouco antes de a plataforma acabar.

O restante da viagem correu sem maiores emoções, e o Rajastão acabou sendo um dos lugares de que Paul mais gostou na Índia. Era seco, quente e exótico, com templos fascinantes, mesquitas e mercados. A população era bastante diferente do sul. Um dos principais grupos étnicos era o de ciganos *Rajasthani*. Eles usavam roupas coloridas e estonteantes, com metais brilhantes costurados, e ornavam-se com joias e grandes brincos. Com suas complexas tatuagens étnicas e olhos verdes e azuis penetrantes, eles pareciam vindos de outro mundo.

Alguns lugares que visitamos despertaram um novo nível de curiosidade. Fomos adiante por estradas esburacadas e conhecemos cidades onde as pessoas nunca haviam visto um ocidental, além daqueles que aparecem nas revistas ou na televisão. Visitamos uma cidade, Belgan, que tinha uma população do tamanho de Londres, em que a maioria dos habitantes falava inglês, mas nunca havia tido contato com pessoas brancas. Quando nos viram, as pessoas saíram para comprar câmeras descartáveis para tirar fotos conosco. As mães nos pediam que segurássemos seus bebês para dar boa sorte. Até mesmo os adultos ficaram fascinados. Jamais viram roupas ocidentais também. Ficaram empolgadíssimos com o poliéster de nossos shorts esportivos, como se estivéssemos vestindo roupas do futuro. O celular do papai normalmente causava furor, porque tinha uma tela colorida e tons polifônicos. Para um indiano da época, parecia algo vindo do espaço, e ele adorava dar demonstrações do aparelho.

Vimos cenários e locais maravilhosos. Lembro-me de uma viagem de barco em que cruzamos uma baía em Goa. Nas colinas, em um dos lados da curva natural do porto, alguém tinha construído uma mansão imensa e moderna, com paredes de vidro e um heliponto. A propriedade destoava da paisagem, parecendo o lar de um vilão dos filmes de James Bond. Do outro lado da baía, em frente à mansão milionária, havia uma penitenciária. Era dilapidada, velha e sombria. Conforme o barco se aproximou, pude ver os braços dos prisioneiros pendurados para fora por entre as barras das janelas. As duas visões, sucintamente, demonstravam as contradições que os visitantes encontravam dentro do país.

Celebramos o Diwali, o festival das luzes, e passamos nosso primeiro Natal em casa, jantando na praia e depois mergulhando no mar. Na primavera, participamos das celebrações do Holi, um carnaval maluco cheio de cores, aberto ao público, em que os participantes jogavam uns nos outros uma tinta feita de pó seco e água colorida. Todos faziam parte daquela festividade, e a diversão tomava conta das ruas, dos parques e do lado de fora de templos e construções. Em junho, começou a estação das monções. Eu gostava, pois era fresco e calmo. A chuva vinha em torrentes e formava rios nas ruas. Era quente, como ficar debaixo de um chuveiro. Uma coisa linda. As barracas da praia fechavam. Nossos amigos voltavam para suas famílias e o resort parecia uma cidade fantasma. Às vezes, eu me sentava debaixo de algum abrigo e desenhava. Havia uma vibração diferente. A paz tomava conta de tudo.

Conhecíamos a cidade como a palma de nossas mãos. Tínhamos bicicletas, mas em geral apenas caminhávamos. O clima era bom, e o ritmo de vida tornou-se tão tranquilo que uma caminhada pela cidade para comprar um suco demorava horas. Parávamos para conversar com as pessoas no caminho, ou quem sabe para jogar uma partida de críquete ou futebol. Era um dia de folga. Eu saía para explorar as redondezas e conhecer pessoas novas. Havia muito tempo. Precisávamos nos divertir e, por ficarmos muito tempo em família, acabávamos saindo e fazendo coisas de maneira independente para dar um tempo uns dos outros.

Passávamos muitas horas com nossos pais. Eles não estavam trabalhando; portanto, fazíamos diversas atividades juntos. Alguns dias jogávamos xadrez, ou líamos jornais para nos atualizarmos sobre o que estava acontecendo no restante do mundo.

Inevitavelmente, a viagem se estendeu outra vez. Na verdade, não era mais uma viagem; era uma vida. Conseguimos um visto mais longo e, embora ainda voltássemos para a Inglaterra, as visitas para casa foram ficando cada vez mais espaçadas – uma vez por ano ou a cada dezoito meses.

Quando voltávamos, a família notava as diferenças. Nossa aparência tinha mudado. Estávamos todos magros, saudáveis e mais relaxados. Eu era confundido com um indiano várias vezes. Falávamos diferente também. Na Índia, para sermos compreendidos, era importante acenar com a cabeça, falar com sotaque indiano e fazer gestos com os dedos, como a população local. Parece bizarro, mas funcionava. O problema era que fazíamos tanto isso na Índia que, ao voltarmos para nossa terra natal, continuávamos com esse hábito e tínhamos que nos lembrar de parar, caso achassem que estávamos zombando. O papai foi o primeiro a ofender alguém. Nós o tiramos da enrascada e o lembramos que estávamos no Reino Unido.

Crescemos. Nossas prioridades mudaram. As bobeiras do dia a dia pararam de nos incomodar. Vendo o quadro geral das coisas, percebemos que não valia a pena nos preocupar com ninharias. Se alguém nos incomodasse, não dávamos muita bola. Estávamos mais resistentes. Na Inglaterra, nossos amigos preocupavam-se com os últimos aparelhos eletrônicos que seriam lançados ou quais brinquedos iriam ganhar de Natal. Suas prioridades iam por um caminho errado.

CAPÍTULO 5

Mar, areia, cobras e mosquitos

Por anos a fio, o mar costumava ser a primeira coisa que eu ouvia ao acordar e o último som antes de adormecer. Inconscientemente, eu conhecia seus ritmos e variações. Pelas manhãs, eu me deitava acordado e escutava o que ele tinha a dizer. Só de ouvi-lo, dava para saber se seria um dia bom para nadar ou se as ondas e as correntes estariam fortes demais.

– O mar está muito intenso, crianças, respeitem-no – alertavam nossos pais, logo no início de nossa jornada. – Independentemente do que acontecer, a Mãe Natureza é a única coisa que pode mudar de uma hora para outra e fazer seu mundo virar de cabeça para baixo. A natureza é a coisa mais poderosa que existe.

Papai já havia sido puxado pela correnteza uma vez, e nós chegamos a ver também algumas crianças da praia entrando em enrascadas. Na baía onde ficávamos, havia correntes abaixo da superfície do mar que nos arrastavam se a maré estivesse especialmente forte e, com isso, aprendemos uma importante lição: deixe-se levar pela correnteza, nunca lute contra ela.

Eu adorava as ondas. Havia dias em que elas ficavam bravas e eu as evitava, mas quando as condições estavam favoráveis, elas eram grandes o bastante para surfar com o corpo. Eu corria na direção de uma onda em formação e deixava que ela me levasse em sua crista, então relaxava quando ela se quebrava sobre meu corpo. Eu flutuava, sem me debater, com o corpo entregue, deixando o mar me arrastar e me chacoalhar de um lado para o outro, até me levar de volta à superfície, como um gato brincando com um rato.

O mar era selvagem, mas eu sabia interpretá-lo. Compreendia o fluxo e o refluxo das marés. Aprendi a observar as fases da lua e, dessa forma, sabia o que esperar do oceano. Conhecia os melhores lugares para nadar, dependendo do tempo. Conhecia nossa praia como a palma da minha mão.

Depois de tantos anos longe da Inglaterra, nós todos nos tornamos excelentes nadadores. Quando não viajávamos, nossa vida se resumia a ficar na praia. Era a nossa sala de descanso, nosso quarto de brinquedos e nosso jardim.

Eu tinha quinze anos quando tirei um homem do mar.

Estava na orla, com o sol a pino. Batia uma brisa agradável e, pelo tamanho, forma e som das ondas, percebi que as correntes deveriam estar fortes em determinadas áreas da baía. Notei o homem e sua esposa nadando em alto-mar. Eu os via bem distantes, sendo que as ondas quebravam a poucos metros de mim. Não havia nada óbvio que sugerisse qualquer perigo, mas vi motivo suficiente para ficar de olho neles. Era um casal mais velho de indianos. Pude perceber, pela técnica com que nadavam, que deviam ser praticantes habituais de natação. Deslizavam sem esforço algum. As partes do corpo acima da superfície, ou seja, as cabeças e os ombros mal se mexiam e praticamente não espirravam água durante as braçadas: sinal de bons nadadores.

Eu estava com a minha mãe, que estava de olho neles também.

Em um determinado momento, a pouco menos de cinquenta metros da praia, notei uma mudança na técnica do homem. Suas braçadas se aceleraram. Ele começou a espirrar água. Estava se debatendo. Sentei-me e observei atentamente. A mulher com quem ele estava também começou a se debater. Vi que ela estava sendo levada por uma correnteza para longe dele. O homem havia parado de nadar, e então começou a acenar. Ele estava sendo puxado. O som de seus gritos de socorro chegou à orla.

A adrenalina subiu dentro de mim e, sem pensar, levantei-me rapidamente e corri para a água. Não ouvi minha mãe me chamando de volta. Muitos metros à minha frente, vi o homem ser tragado pela água. Quando consegui alcançá-lo, ele havia voltado à tona, mas estava imóvel. Senti a corrente me levando, então o segurei, procurando tirar sua cabeça da água, e me concentrei em nos manter na superfície.

Não lutei contra a corrente, mas nadei com a ajuda dela, meio enviesado, até a praia. À nossa frente, vi a esposa do homem cambaleando pela areia, já a salvo, olhando para nós com o desespero estampado no rosto. Toquei a areia com os pés e arrastei o homem, já inconsciente, para fora da água. Minha mãe correu até nós, pois ela era treinada em primeiros socorros e, após deitar o homem no chão, começou a socorrê-lo com reanimação cardiorrespiratória. Fiquei de joelhos ao seu lado, ofegante e trêmulo.

Depois de um longo minuto, o homem começou a tossir de volta à vida. Ficamos com ele por um tempo, enquanto uma das crianças da praia correu para chamar um médico local, que veio rapidamente e assumiu o atendimento.

Pensara que eu tivera sido o herói do dia, mas, mais tarde naquela noite, minha mãe me deu uma baita bronca.

– O que achou que estava fazendo, correndo para a água daquele jeito, sem pensar em como seria perigoso?

– Mas… – eu gaguejei.

– Nunca mais se arrisque dessa maneira – concluiu ela.

Muitas coisas eram arriscadas na Índia. Dirigir, por exemplo, era particularmente perigoso. Meu pai nunca dirigiu por lá. Ele sempre deixou a tarefa para motoristas. Usávamos táxis, riquixás, bicicletas ou simplesmente caminhávamos. Para viagens mais longas, pegávamos o trem ou contratávamos um motorista com carro.

Cobras eram uma preocupação constante, e várias vezes nos deparamos com algumas. No calor do dia, quase sempre havia uma serpente enrolada em lugares de pouca circulação. Elas eram tímidas por natureza e saíam do caminho se soubessem que alguém se aproximava, no entanto, se surpreendesse uma delas, você poderia arranjar uma bela encrenca. Aprendemos que a melhor maneira de fazer com que as cobras sentissem nossa presença era por meio de barulhos e vibrações. Tornou-se um hábito caminharmos batendo no chão com um galho, principalmente à noite. As vibrações alertavam as cobras, que então rastejavam para longe.

Eu jogava futebol com um pessoal da região e, até o campinho, havia um atalho que passava por uma plantação de arroz. Essas áreas pantanosas eram os esconderijos favoritos das cobras, e aquele arrozal em especial era conhecido por ter najas. Então, sempre que caminhávamos por ele, eu batia palmas e gritava. Se chegássemos em casa tarde da noite, a regra era bater palmas e os pés antes de entrar em casa.

Topamos com cobras várias vezes. Certa tarde, Rosie veio correndo pelo resort e pulou da escada. Ela aterrissou a poucos centímetros de uma cobra que estava enrolada no passeio. Um garçom a viu recuar e sair rastejando. Mais tarde, o rapaz contou à minha irmã que aquela era uma das venenosas.

Uma vez, quando eu estava jogando futebol com alguns amigos em um terreno baldio, perturbei uma cobra-de-areia que estava enterrada. Ela pulou em minha direção, mas consegui dar um salto para trás, impedindo-a de cravar suas presas na minha perna. Em algumas ocasiões, saí para andar e dei de cara com mangustos lutando contra najas.

O encontro mais próximo que vivenciamos aconteceu na sala de estar da nossa casa. Todos fomos alarmados pelos gritos de Rosie. Ela vira uma cobra preta rastejar pela sala e se esconder atrás do sofá. Em silêncio e com muito cuidado, papai gesticulou para que Paul e eu tirássemos o sofá da frente, enquanto ele ficou de lado com um bastão de críquete pronto para acertá-la. Contamos até três, puxamos o móvel e nosso pai inclinou-se para a frente, acertando o pobre animal na cabeça. Só para garantir, ele deu mais algumas batidas; era preciso um excesso de cautela naquelas situações. Mamãe nos ensinou que, se qualquer um de nós fosse mordido, os outros teriam que sugar o veneno e cuspi-

-lo. A simples ideia de ter que fazer aquilo já nos fazia tomar um cuidado extra.

Enquanto nos preocupávamos em evitar cobras, o perigo real, de acordo com garçons e pessoas que trabalhavam nas praias, eram os cocos. Eles podiam ser letais e, aparentemente, em Goa, matavam mais gente por ano do que as cobras. Certamente, se um caísse na sua cabeça, você saberia por quê. Cada um pesava alguns quilos, era duro como rocha e crescia a vinte metros de altura. Constantemente atravessavam as coberturas das casas, destruindo telhas e, por tal motivo, diversos coqueiros tinham redes de segurança para evitar que os cocos caíssem em algo ou alguém. A prefeitura regularmente mandava funcionários cortarem os frutos potencialmente letais antes que eles amadurecessem e caíssem em seu próprio tempo.

Um não pegou papai por uma questão de centímetros, quando ele estava passando sob uma árvore, bem no início de nossas viagens. Caiu na areia, ao seu lado, fazendo um grande estrondo. Depois daquilo, paramos de passar embaixo de qualquer palmeira.

Outra fruta notavelmente perigosa eram os melões, principalmente porque eles podiam gerar uma bela dor de barriga. Eles absorvem água, e os vendedores os deixam no rio para refrescá-los, o mesmo rio em que as pessoas fazem suas necessidades. Demoramos um tempo para nos acostumar aos padrões de higiene locais. Era uma coisa normal ver ratos perto de restaurantes, e aprendemos a não olhar para as cozinhas dos lugares onde comíamos. Não valia a pena. Se o fizesse, você jamais comeria fora outra vez.

A malária também era um problema. O ar em volta dos arrozais ficava denso com os mosquitos no fim do dia e, de início, tomamos tabletes antimalária, mas eles não funcionavam muito bem. Ouvimos que podiam causar malefícios se consumidos por muito tempo, então, no fim das contas, abdicamos deles e descobrimos a solução local: um produto chamado Odomos. Todos usavam-no em seus filhos e sempre o tinham armazenados. Era tão importante nos lares indianos quanto sopa. Tinha cheiro de limão e nós nos cobríamos inteiros com ele. Todos os dias, assim que o sol começava a se pôr, alguém gritava em nossa casa:

– Onde está o Odomos?

Comprávamos muitos frascos daquilo, porque éramos muitos. O dono da lojinha da região logo colocava uma garrafa no balcão assim que nos via entrando. Era incrivelmente eficaz. Nenhum de nós nunca foi picado.

Apesar do que se diz por aí, se a pessoa fosse cuidadosa e sensata, a Índia era um lugar seguro. Tínhamos liberdades com as quais nossos amigos na Inglaterra jamais poderiam sonhar. Era seguro andar sozinho. A única coisa que nos roubaram uma vez foi uma camisa de futebol. Mattie a deixou na praia e saiu de perto para fazer qualquer outra coisa. Quando voltou, tinham levado. Uma semana depois, vimos uma das crianças a usando e a acusamos de tê-la pegado. Ela negou tudo e disse que era dela; por que uma criança local em Goa estaria usando uma camisa do Queens Park Rangers Football Club era um mistério, mas nós deixamos para lá de qualquer forma. Havia coisas pelas quais valia a pena se importar mais na vida do que camisas roubadas.

Não havia trânsito de carros com que nos preocuparmos no resort, e tínhamos o luxo de poder brincar, correr riscos e aprender com nossos próprios erros. Nossos pais sempre foram cautelosos e mitigavam os riscos. Se fôssemos a um festival ou a um mercado congestionado, sempre combinávamos um ponto de encontro caso algum de nós se perdesse, e fazíamos pesquisas sobre as novas cidades antes de irmos até elas. Mamãe e papai sempre procuravam lugares apropriados para famílias. Fomos instruídos a tomar cuidado com trombadinhas e a sempre pensar em nossa segurança pessoal.

Na Europa, meus amigos sempre estavam enclausurados em salas de aula ou brincavam em parques deprimentes, protegidos por tapetes macios de borracha. Na Índia, tínhamos a cidade toda e a praia como nossos parques de diversão, e uma aglomeração de personagens coloridos e interessantes com os quais interagir. Acredito firmemente que recebemos mais educação e ganhamos mais em termos de conhecimento de vida nos anos que passamos viajando do que jamais teríamos aprendido nas escolas dos subúrbios.

A única vez que realmente vivemos um drama foi quando Mattie teve um ataque de asma particularmente terrível. Na Inglaterra, ele os tinha toda hora, mas na Índia foram só algumas vezes. Ainda assim, era muito assustador.

Havia oxigênio para Mattie e uma bombinha que ele usava. Sempre que voltávamos para a Inglaterra, fazíamos um estoque de medicamentos para levar conosco. Meus pais também experimentaram com ele a medicina ayurvédica, uma espécie de tratamento alternativo amplamente utilizado na Índia e oferecido nos hospitais de lá. Em resumo, a técnica funciona equilibrando diferentes aspectos do corpo.

O ataque de Mattie ocorreu durante a temporada das monções. Não foi repentino. Ele foi piorando progressivamente durante vários dias. Aquele ano estava particularmente úmido, e Mattie era sensível a essas mudanças climáticas. No ponto crítico, ficou pálido e seus lábios azuis, e disse que seu coração doía toda vez que lutava para respirar superficialmente. Foi aterrorizante. O médico local veio e ficou sentado ao seu lado a noite toda. Mamãe e papai ficaram incrivelmente estressados, e temiam que o ataque o levasse daquela vez. Ele estava ligado a um inalador, mas nada funcionava. Após quatro dias, ele estabilizou um pouco; então decidimos voltar para a Inglaterra por um tempo até que recuperasse suas forças. Aquilo abalou todos nós, e depois do incidente nossos pais pararam com a medicina alternativa, temendo que Mattie pudesse estar sofrendo algum tipo de reação.

Os indianos que conhecemos eram bastante engenhosos. Não havia qualquer tipo de sistema de seguridade social, portanto ou você trabalhava ou morria de fome. Existiam poucos grandes empregadores. As pessoas trabalhavam por conta própria e criavam seus negócios: lojas, barracas, serviços e comércio. Era uma nação de empreendedores, e aquele espírito se adequava muito bem a nós. Havia uma porção de oportunidades para fazer dinheiro.

Eu ia ao mercado e vendia coisas trazidas da Inglaterra. Roupas esportivas e camisas de futebol eram muito procuradas. Eu comprava camisas de futebol baratas nos mercados da Inglaterra e as vendia com boa margem de lucro para indianos ricos de férias em Goa que acreditavam serem aquelas camisas oficiais dos clubes, porque eu era um ocidental. Com o dinheiro que ganhava, eu comprava DVDs baratos que depois levava para a Inglaterra, onde os vendia com outra margem de lucro. Era um negócio internacional. Eu tinha treze anos quando comecei. Havia sempre negociações e permutas. Negociávamos com qualquer um: turistas ocidentais, indianos ricos, tibetanos que vinham a Goa a trabalho.

Na cidade, havia diversas joalherias vendendo ouro barato e pedras para turistas. Paul fez amizade com um dos donos, um homem chamado Jeedi, e começou a passar horas com ele aprendendo sobre o mercado de gemas e metais preciosos. Era como se ele fosse um aprendiz. Paul logo aprendeu sobre os diferentes tipos de pedra, quanto valiam no atacado, como saber se eram genuínas e quanto as pessoas pagariam por elas. Ele ficava sentado ao lado de Jeedi o dia inteiro em sua loja e também visitava sua fábrica, onde mantinha um estoque. Era benéfico para as duas partes, pois, enquanto Paul aprendia um ofício, o joalheiro tinha um ocidental em sua loja, o que significava que os turistas tendiam a confiar mais nele, não temendo serem passados para trás.

Embora papai estivesse, como ele costumava dizer, em semiaposentadoria, o hiato não durou muito. Ele era um negociante nato, sempre à procura de uma oportunidade. Cada vez mais foi se interessando pela internet e as possibilidades que ela reservava. A bolha ponto.com já havia explodido, mas a Índia ainda era um lugar em que a internet estava crescendo, com muitas oportunidades pela frente e ele desejava aproveitar a popularidade da tecnologia. Papai era um entusiasta. Seu celular era motivo de conversa nos lugares menos desenvolvidos aonde íamos, e ele também tinha um notebook, além disso, deve ter sido uma das primeiras pessoas na Índia a ter uma conexão 3G, o que na época devia ser extremamente caro. Isso foi numa época muito anterior à internet sem fio, e seu notebook tinha um cartão embutido que servia de modem.

Papai teve a ideia de desenvolver um sistema de monitoramento on-line para que os pais pudessem acompanhar a evolução de seus filhos no colégio, especificamente com relação aos esportes. Chamava-se *Sports Recognition*. Os pais podiam se conectar a um site seguro em que seriam atualizados constantemente pela escola. Poderiam monitorar o progresso de seus filhos e se eles estavam presentes em certos clubes e aulas. Para pais ocupados, era uma maneira de ficar atualizado sobre o progresso da criança. Não teriam que esperar até estarem juntos na hora do jantar. O plano do papai era vender o *software* para as escolas e departamentos do governo.

Ele encontrou programadores na Índia que o ajudaram a desenvolver a ideia e, em 2004, o site estava quase pronto para ir ao ar. Tinha uma aparência legal e funcionava bem. Havia sido testado para falhas e já tínhamos os contatos no mercado de escolas dos tempos da Rose Fashions. Papai planejou me chamar, e depois Paul, para trabalhar com ele. Infelizmente, a ideia nunca decolou comercialmente, mas é um testemunho de sua visão à frente de seu tempo – hoje, muitas escolas e pais usam um sistema semelhante.

Com o passar dos anos, construímos uma exótica rede de amigos. Em um determinado ponto, papai "adotou" um jovem irlandês chamado Ian. Ele costumava viajar à Índia para ver a irmã e decidiu ficar. Os dois se davam muito bem e ele frequentemente vinha até nossa casa para assistir a futebol. Paul era amigo de Jeedi, o joalheiro, e também tínhamos amizade com o gerente do hotel, Rudi, que tinha uma ascendência metade goense, metade portuguesa, e gostava de beber um pouco. Paul e eu tínhamos amigos da nossa idade, mas eles eram transitórios; as crianças da praia se mudavam uma hora ou outra, assim como as famílias ocidentais nas férias; então, saíamos principalmente com adultos. Jogávamos sinuca em um hotel ali perto, mas nunca íamos aos bares lotados de turistas.

Passávamos muito tempo juntos e nos tornamos bastante próximos. Trabalhávamos e brincávamos juntos. Fazíamos nossas refeições em família à noite, e após o jantar jogávamos xadrez ou baralho. Aproveitávamos muito o tempo uns com os outros. Provavelmente conhecíamos melhor nossos pais do que a maioria das crianças, porque não tínhamos a rotina doméstica comum. A vida era tranquila e víamos outro lado deles, já que também estavam tranquilos. Os quatro anos que passamos viajando foram inesquecíveis. Ao cortar os laços com a vida convencional, nossos pais nos mudaram de uma forma que nunca nos demos conta, até que a tragédia nos atingiu.

CAPÍTULO 6

Ultrapassando as barreiras da pobreza

Na Índia, nunca fomos encorajados a fechar os olhos para os problemas fundamentais da vida no país em que escolhemos estabelecer nosso lar: a grande parte da população era terrivelmente pobre e miserável. Enquanto muitas famílias apenas visitam Goa em uma viagem de duas semanas e evitam a pobreza, nós nunca o fizemos. Nunca tive a chance de perguntar a nossos pais se esse era o plano deles; se eles sabiam que nos expor às dificuldades e crueldades que a vida pode apresentar nos permitiria desenvolver uma maturidade e resiliência além de nossas idades. Quer eles soubessem, quer não, a educação que recebemos da escola da vida, quando saímos das escolas comuns, era um presente que, no fim das contas, salvou nossa vida.

Aprender sobre as duras realidades nos países em desenvolvimento era uma lição difícil, mas necessária. A pobreza e a miséria humanas não eram sempre aparentes, mas estavam ali, a um passo da consciência. Se quisesse, era só virar a cabeça. Você podia comer nos restaurantes ocidentais, ficar nos hotéis mais luxuosos, comprar nas lojas com ar-condicionado e tomar táxis para ignorar as privações que se mostravam ao caminhar pelas ruas. Você podia atravessar a rua para evitar os mendigos ou se esforçar para não pensar nas pessoas que trabalhavam nos fundos de uma cozinha desumanamente quente por alguns trocados por semana. Podia-se ignorar os aleijados, jardineiros idosos que ficavam de joelhos cortando grama com tesouras debaixo de um sol de quarenta graus, e podia se convencer de que as crianças com rostos sujos de terra e usando trapos na escuridão das ruas não moravam lá. Mas, se tivesse qualquer coisa que se assemelhasse a um coração, você olharia nos olhos da pobreza e ficaria perplexo. Para mim, quando aquele choque inicial diminuiu, ele foi substituído por um senso de propósito e um desejo de procurar fazer algo para ajudar, independentemente de quão pequena pudesse ser essa ajuda.

O desejo se passava com nossos pais. Quando pisei na Índia, com treze anos de idade, não sabia o que significava o termo "consciência social", mas eles tinham uma. A Rose Fashions tinha a ver com distribuir dinheiro, ajudar casas de caridade e escolas a se ajudarem, e eles esforçaram-se muito para nos mostrar o quanto éramos sortudos em uma escala global. Eu sabia que estava numa situação muito melhor do que muitas crianças no mundo. Tinha uma família que me amava. Tinha comida, abrigo e roupas. Antes de ir à Índia, nunca havia testemunhado a pobreza real e, quando a vi, foi perturbador. Mamãe e papai não tentaram nos proteger das realidades cruéis da vida em um país pobre. A ignorância nem sempre é uma bênção, e eles consideravam a realidade como parte da experiência; não havia motivo para desviar o olhar daquilo. Se o fizéssemos, não seríamos sinceros com nós mesmos, não aprenderíamos nem levaríamos nada conosco.

Como sabíamos desde a primeira vez que estivemos na Índia, quando visitamos o lar de crianças, havia instituições de caridade que operavam alertando as pessoas dos problemas que a pobreza gerava e arrecadando dinheiro para financiar projetos. Uma das instituições mais ativas na região era um fundo de caridade que mantinha diversos projetos para ajudar crianças de rua: as órfãs, as abandonadas pelos pais ou as que eram tão negligenciadas e abusadas em casa que fugiam. A instituição mantinha uma escola, abrigos e quatro lares de crianças em Goa e outras províncias. Possuía voluntários que conversavam com os turistas e os convidavam a visitar um dos lares para órfãos na cidade. Eles tinham um carro onde levavam alegremente as pessoas para visitar esses lares.

Uma das filosofias da entidade era que ela estendia uma mão para levantar as crianças sob seus cuidados, e isso não era uma esmola. Dava às crianças, além de abrigo e comida, educação para a vida toda.

Nossos pais se interessaram por aquilo após falar com um voluntário que trabalhava em uma das barracas da instituição num mercado local. Eles nunca foram do tipo de gente que virava as costas, então, quando ouviram a respeito da entidade, quiseram ver como poderiam ajudar. Visitaram um dos lares e nos levaram junto com eles.

Havia cerca de trinta crianças morando lá: meninos e meninas de diferentes idades, desde crianças de três ou quatro anos até adolescentes. A casa era pequena para tantas crianças, mas muito limpa. Os garotos dormiam em um quarto grande, e as garotas, em outro. Como não havia camas para todos, eles tinham sacos de dormir. Havia uma pequena cozinha na qual os voluntários preparavam três refeições diárias e uma sala de jantar com uma mesa única. Também tinha uma sala de aula e um vestiário com chuveiros. Na frente, havia um jardim com areia e terra onde as crianças podiam brincar. Era básico, mas ficava claro que elas gostavam de estar ali. Percebi que todas andavam descalças enquanto se divertiam nos brinquedos do jardim.

Ficaram empolgadas por ver ocidentais, e uma multidão nos cercou enquanto nos mostravam o lugar. Fomos levados para um jogo de críquete e, embora poucos falassem inglês, a comunicação não foi um problema. Todos só queriam brincar.

A visita não durou muito, mas plantou uma semente em nossos pais. Eles decidiram, depois daquilo, que todos nós seríamos voluntários, pois, já que não estávamos frequentando a escola, deveríamos fazer algo de útil e construtivo com nosso tempo livre. Não reclamamos nem um pouco, porque não era um trabalho de verdade. Apenas aparecíamos e nos divertíamos com as crianças.

Foi assim que começou nossa ligação com os órfãos da Índia: o desejo de nossos pais por retribuir de alguma forma e tentar fazer alguma diferença na vida das pessoas.

Tornamo-nos presenças regulares no lar. Ajudávamos a limpar os pratos, jogávamos críquete e futebol com as crianças, conversávamos e socializávamos com todos.

Também colaborávamos com o trabalho nas barracas dentro do mercado, incentivando outros turistas a se inscreverem e doarem o que pudessem. Assim como Paul e seu trabalho na joalheria, a entidade percebeu que ajudava ter ocidentais por perto, porque outros ocidentais ficavam mais propensos a parar para conversar conosco e confiar no projeto. Encorajávamos outros a visitar o lar e tornarem-se voluntários.

As crianças estavam ali por uma infinidade de motivos. Algumas tinham ficado órfãs recentemente por causa do terremoto em Gujarati: um desastre natural que tirou a vida de vinte mil pessoas e destruiu quatrocentas mil casas. Elas ainda viviam com o trauma de ter perdido suas famílias. O luto as afetava de diferentes formas. Eram normais e gostavam de brincar, mas, vez ou outra, ficavam tristes e se recolhiam num canto qualquer.

Outras estavam lá porque suas famílias as tinham abandonado, enquanto outras eram vítimas de violência doméstica. Muitas eram levadas para o abrigo para sua própria segurança, pois seus pais tinham problemas com alcoolismo. Algumas eram vítimas de abuso sexual. Um garoto havia sido abusado sexualmente por seu próprio pai. Outros eram espancados.

Muitos eram felizes pelo simples fato de estar ali. Havia muita gente aglomerada e a infraestrutura era mínima, mas estavam seguros e recebiam atenção. Eram todos amorosos, e ficava estampado em seus rostos que ansiavam por carinho e segurança. Os recém-chegados ficavam inevitavelmente incomodados e deslocados, e era nosso dever brincar com eles e deixar que voltassem a ser crianças outra vez. O pior era ouvir suas histórias; algumas tão terríveis que era difícil de acreditar.

Um garoto com doze anos de idade tinha apenas um braço.

Ele contou sua história a Paul.

— Meus pais me seguraram num trilho de ferrovia até que o trem passou sobre mim — explicou ele.

Paul sentiu um calafrio.

– Por quê?

– Para mendigar – respondeu o garoto. – Assim daria mais dinheiro.

Crianças terrivelmente mutiladas valiam mais como mendigos. Geravam maior piedade, o que trazia mais dinheiro. Infelizmente, a história daquele garoto não era a única desse tipo. Conhecemos outra criança que tivera o rosto deformado por ácido e ficara cega de um olho por consequência. Suas feridas lhe rendiam mais dinheiro.

As crianças naquele abrigo nos ensinaram mais sobre resiliência e determinação do que jamais teríamos aprendido na escola. Aquelas eram algumas das pessoas mais desprovidas do planeta e, ainda assim, tratavam de se manter positivas e esperançosas quanto ao futuro. Valorizavam o pouco que tinham e reconheciam as oportunidades que lhes eram dadas de terem segurança e uma educação decente. Miravam à frente com esperança em vez de olharem para trás com amargura. Foram abatidas pela vida, mas se reergueram para recomeçar a viver. A maioria das crianças que conhecemos aceitava o que lhes havia acontecido e seguia em frente. Eram muito mais felizes do que várias pessoas ricas que conhecíamos na Inglaterra. Percebiam que a felicidade não estava ligada ao dinheiro ou a bens materiais; tratava-se de ter a cabeça no lugar certo.

A vida turística de Goa atraía mendigos, atraídos pelo dinheiro ocidental, e também trabalhadores migrantes, que recebiam um salário de fome e viviam em favelas. A presença dessas pessoas era ruim para a imagem que a Índia queria exibir ao resto do mundo: a de uma nação em desenvolvimento em pleno florescer. Como o turismo era forte na província, as favelas eram removidas. Os guias turísticos não levavam ninguém para lá, mas era possível encontrá-las se você procurasse. A instituição de caridade também fazia trabalho de doação nas áreas das favelas, na periferia da cidade. Fomos até lá com nossos pais e outros voluntários. Era uma cidade tomada por moradias miseráveis, com esgotos a céu aberto feitos com enxada que corriam entre barracos feitos de aço retorcido, paletes de madeira e telhas de amianto. Famílias inteiras moravam nesse tipo de casa. Outros viviam em estruturas improvisadas com sacos de lixo esticados em cima para proteger-se das monções. As crianças caminhavam e corriam descalças em meio à água contaminada. O cheiro era de contorcer o estômago.

A primeira vez que visitamos o lugar foi assustador. Fomos com um estoque de canetas para as crianças. Conforme atravessamos as primeiras vielas, mais e mais crianças se aproximavam, percebendo que éramos ocidentais com presentes. Não havia educação nem formavam filas e aguardavam pacientes. Uma das crianças enfiou a mão na caixa que eu estava segurando, pegou várias canetas e saiu correndo. Eu tinha a vantagem de ser mais alto que as crianças e segurei a caixa sobre a cabeça, o que resolveu o problema das mãos desesperadas. No entanto, logo os adultos chegaram e começaram a pegá-las também. Houve um certo empurra-empurra, então meus pais e os voluntários tiveram que falar um pouco mais duro para que a situação se acalmasse. Era compreensível. Canetas eram consideradas moedas de troca. Podiam ser vendidas por algumas rúpias e, em troca, poderiam comprar uma refeição para a família ou álcool para ajudar a esquecer a situação miserável em que se vivia.

Depois do choque daquela primeira visita, voltamos diversas outras vezes. Tomávamos riquixás até as favelas e distribuíamos canetas e papel. Acompanhávamos enfermeiras da região que organizavam clínicas itinerantes e ajudavam com vacinações. Limpávamos cortes e feridas menos graves, aplicando antissépticos e bandagens. Passamos a conhecer muitas crianças que moravam ali. Levávamos frutas e comidas, jogávamos futebol e críquete, brincávamos com elas e lhes dávamos lápis, livros ou papel para desenho. Não era bem um trabalho. Era mais diversão. Nossos pais não faziam isso por pena, para que aprendêssemos uma lição, nem porque pensavam que estávamos mimados demais. Simplesmente achavam que aquilo era o certo a fazer e queriam que víssemos como viviam crianças de outras partes do mundo. Eles nunca nos obrigaram a fazer nada que não quiséssemos; normalmente gostávamos de nos envolver com aquilo. Às vezes não era nada agradável, como quando chegávamos perto de crianças com pólio ou hanseníase, mas também era muito gratificante. Ninguém queria que sentíssemos pena. Precisavam de um pouco de ajuda e ficávamos contentes por poder oferecê-la.

Sem perceber, o trabalho nas favelas mudou nossas perspectivas de vida. Por exemplo, Paul e eu costumávamos reclamar por dividir o quarto quando morávamos em nossa casa, em Purley. Demo-nos conta de como aquilo era mesquinho quando visitamos uma família de oito integrantes em que todos viviam num só cômodo, sob um teto de lona. Aprendemos a ser gratos pelas pequenas coisas da vida. Quando vê crianças empolgadas por causa de canetas coloridas, você começa a perceber que ter o último console de videogame ou o celular mais moderno não tem muita importância, olhando o quadro geral das coisas. Nas favelas, uma laranja podia ser a diferença entre alguém ter um dia bom ou um dia ruim. Se desse uma laranja a uma criança, ela ficaria extremamente feliz. Experimente dar uma laranja a uma criança na Inglaterra; ela a jogará na sua cara e lhe pedirá um doce qualquer. Meus colegas do Reino Unido valorizavam roupas e acessórios da moda. Na favela de Goa, as crianças usavam camisetas rasgadas e andavam descalças. Se elas se cortassem ou se machucassem, tinham que se virar. Toda vez que voltávamos para New Forest para nossas visitas periódicas, eu via o mundo com novos olhos, e fui me tornando cada vez mais consciente da ponte que havia entre os que tinham e os que não tinham.

Na Índia, não faltavam pessoas pouco privilegiadas para serem ajudadas; então, em vez de ignorarmos a pobreza, preferimos tentar entendê-la melhor. Depois de um tempo, aprendi a identificar uma criança negligenciada ou sem-teto. Eu ficava triste com os idosos abandonados. Os indianos tinham famílias imensas para que as crianças tomassem conta dos mais velhos quando atingissem uma idade avançada. Todo mendigo idoso contava uma história triste; por vezes, seus filhos já haviam morrido. Às vezes, via uma pessoa caída na estrada e me perguntava se ela estava viva ou morta. Havia alguns lugares em que percebíamos que a situação era irreparável, então tudo que podíamos fazer era dar nosso melhor. Mesmo hoje, sabemos que não podemos mudar o mundo, nem salvar todas as pessoas, mas fazemos o que é possível e, com sorte, poderemos inspirar mais e mais pessoas a fazer alguma coisa. Não dá para consertar tudo.

No início de 2004, voltamos para a Inglaterra. Já estávamos viajando há quatro anos, tínhamos passado por aventuras incríveis e visto lugares maravilhosos. O site do papai estava quase pronto para ir ao ar, e nossos pais sentiram que era hora de começar a próxima fase da vida deles. Suspeito que o dinheiro deveria estar começando a escassear.

Começaram a pensar em considerar outros destinos ou voltar para a Inglaterra. Austrália e Nova Zelândia foram mencionados. Eu olhava de cara feia para a perspectiva de voltar à escola. Estava com dezesseis anos e não tinha uma educação em tempo integral há muitos anos; nem Paul, Mattie ou Rosie. Em termos de maturidade, estávamos todos muito mais adiantados do que outras crianças que conhecíamos, mas mamãe e papai ainda achavam importante que tivéssemos qualificações acadêmicas. Portanto, voltamos para nossa moradia improvisada e me matriculei na Brockenhurst College, onde fiz um curso profissionalizante e um curso elementar de Letras.

Eu não me importava de voltar e fazer bons amigos na escola. Já Paul odiava aquilo e foi reprovado nos exames que prestou. A média geral de nossas notas na escola foi um B em esportes e um C no curso elementar.

No verão, enquanto ainda estávamos decidindo o que faríamos a seguir, arranjei um emprego em um centro de lazer perto de Bournemouth, no litoral sul. Fiz um treinamento para salva-vidas e passei com louvor. Passava os dias perto da piscina; fiz vários amigos e conseguia conversar com várias garotas lindas demais para mim. Mattie e Rosie também foram para uma escola da região. Para mim e Paul, já devia ser tarde demais para nos recuperarmos, mas eles ainda tinham uma chance de obter sucesso nos estudos.

Foi um verão divertido. Reencontramos amigos e familiares que não víamos há muito e passamos bastante tempo com nossas irmãs, Jo e Marie. Marie queria casar com seu companheiro, Liam, no ano seguinte, e mamãe ficou bastante entretida com os planos do casamento. Seria uma cerimônia realizada numa igreja grande, e ela estava fazendo os vestidos das madrinhas. Marie tinha viajado para a Índia diversas vezes para conversar sobre os preparativos. Papai não se aguentava de orgulho e ansiedade para acompanhá-la até o altar. Liam era um cara muito legal, leal e confiável, e nosso pai gostava muito dele.

Com a proximidade do fim do verão, mamãe e papai começaram a falar sobre nossa volta à Índia. Nossa base ainda era lá. O plano era voltar uma última vez e resolver qualquer pendência. Papai tinha alguns ajustes finais para fazer no site junto aos desenvolvedores com quem estava trabalhando, e Jo também iria para passar férias conosco.

Nossos pais também gostaram da ideia de encontrar outro destino enquanto estávamos naquele lado do mundo. Nossas viagens nos fizeram conhecer praticamente a Índia toda, mas, além de nossa parada na Jordânia e algumas semanas no Chipre em 2002, não tínhamos saído do subcontinente. Começamos a pensar em viajar para ver outros lugares. Tinha a impressão de que aquela seria a última vez que faríamos aquele tipo de coisa antes de nos estabelecermos de novo; como férias dentro de um grande período de férias.

Alguns anos antes, quando passamos alguns meses em Kerala, conhecemos um homem chamado Baba, com quem fizemos amizade. Ele possuía uma barraca na praia e vinha para o hotel em que passávamos a noite para comer e beber alguma coisa. Sempre se sentava para conversar conosco. Ele era do Sri Lanka e nos contou tudo sobre sua terra natal. Como a maioria dos homens nascidos naquele país, era obcecado por críquete, então tínhamos muita coisa em comum. Ele conhecia Russell Arnold, um rebatedor extremamente popular no Sri Lanka, e sempre mencionava o nome do esportista no meio da conversa, o que fazia Paul, papai e eu nos entreolharmos com as sobrancelhas levantadas. Baba recomendou que visitássemos o Sri Lanka. Ele descreveu as praias, o povo acolhedor e as paisagens paradisíacas. Parecia um lugar bem legal. Havíamos lido a respeito em alguns guias que os turistas deixavam para trás no hotel em Goa e em alguns lugares que visitamos na Índia. Quando se conversa com turistas, você percebe que há certos roteiros mais conhecidos, e o Sri Lanka estava quase sempre nos itinerários.

Então, um dia, papai comprou o guia *Lonely Planet* para o Sri Lanka e se sentou conosco à noite, perguntando o que achávamos. Havia surfe e praias desertas por lá, e era grande o bastante para explorarmos por várias semanas; parecia o lugar perfeito. Paul mencionou que tinha um amigo do Sri Lanka em Croydon e que gostaria bastante de ir para contar depois a ele que visitara sua terra natal. Quanto a mim, achei que seria mais um carimbo interessante em meu passaporte. Mattie e Rosie ficaram felizes, pois aquilo significava que sua readaptação ao sistema escolar britânico seria novamente adiada. Jo estava feliz de ir junto a nós, então começamos a fazer planos. Voltaríamos para a Índia, passaríamos um tempo lá, pegaríamos um avião para o Sri Lanka, onde passaríamos o Natal de 2004, explorando a ilha pelo tempo que quiséssemos ou até nos cansarmos. Então voltaríamos para a Inglaterra a tempo do casamento de Marie.

CAPÍTULO 7

As últimas férias

Paul e eu deixamos a Índia com nossos pais, Mattie, Rosie e Jo uma semana antes do Natal de 2004 e fomos para Colombo, a capital do Sri Lanka. Paul teve uma sensação estranha ao nos aproximarmos da ilha, que ele me contou depois de tudo acontecer. Ele me disse que se sentiu desconfortável no avião e que a viagem parecia diferente de alguma forma, como se algo maior estivesse à nossa espera quando pousássemos em terra firme. Conforme o avião se aproximou, ele olhou para o mar e teve uma intuição que o deixou com um nó no estômago.

— Era a mesma sensação de quando se esquece alguma coisa — explicou.

A ilha do Sri Lanka é um pouco menor que a Inglaterra, o que significava que não precisaríamos suportar longas jornadas, e tínhamos muita coisa para ver e fazer. Havia oito patrimônios da humanidade da Unesco a serem visitados; também ruínas, templos, florestas e montanhas. Parques nacionais por onde manadas de elefantes passeavam. Praias onde tartarugas enterravam seus ovos e um mar ideal para praticar mergulho e surfe.

Apesar da grande variedade de atividades e atrações reunidas em uma área relativamente pequena, o Sri Lanka permanecia fora do circuito habitual de turistas menos aventureiros. Embora houvesse muitos hotéis e *hostels* ao longo da costa, o país ainda era subdesenvolvido em comparação com outros destinos, em virtude da guerra civil entre 1983 e 2009, opondo o governo e uma organização paramilitar chamada Tigres Tâmeis. Os tâmeis eram um grupo étnico sem uma terra natal, espalhados pela Ásia. Compunham cerca de 15% da população do Sri Lanka, e os Tigres Tâmeis lideraram uma insurgência contra as forças governamentais para tentar criar um Estado tâmil independente no norte e no leste da ilha.

O país sofreu muito com as batalhas, que causaram problemas significativos ao povo, ao ambiente e à economia. Mais de cem mil pessoas foram mortas nos conflitos. As táticas usadas pelos Tigres Tâmeis fizeram com que a organização fosse listada como um grupo terrorista por diversos governos estrangeiros, incluindo Estados Unidos, Índia, Canadá e a União Europeia. Em contrapartida, as forças governamentais foram acusadas de abusos aos direitos humanos e brutalidade contra a minoria tâmil.

A ilha certamente tinha seus problemas, mas a maior parte do conflito ficou limitada às partes mais remotas e, em 2002, um acordo de cessar-fogo foi assinado entre os dois lados graças a conversações de paz e à intermediação internacional.

O Sri Lanka já era um lugar relativamente pacífico quando chegamos e, como a sombra da guerra havia recuado um pouco, a indústria turística passou a se desenvolver. Pelos guias turísticos que lemos, era fácil entender o motivo. Era uma ilha de praias belas e preservadas, ruínas antiquíssimas, um povo acolhedor, gastronomia de dar água na boca e custos muito baixos. Podia-se surfar na praia pela manhã e ver elefantes em um safári à tarde. Nas montanhas mais úmidas, havia florestas nativas a explorar, plantações de chá verde a visitar e passeios de trem espetaculares a serem feitos. O Sri Lanka até mesmo alegava ser o lar da árvore mais antiga do mundo. Sabíamos que seria uma viagem interessante e cheia de aventuras.

O aeroporto de Colombo era bem parecido com os aeroportos indianos que havíamos visitado, mas bem menor. Era agitado, mas não caótico. Todos os aeroportos do Terceiro Mundo pareciam iguais: ficavam abarrotados de pessoas atraídas pela esperança de ganhar dinheiro fácil com os estrangeiros recém-chegados.

Fomos rapidamente do terminal de desembarque até o ponto de táxi, recusando educadamente as ofertas dos que tentavam nos ajudar com as malas ou nos atrair a seus hotéis e resorts. Já tínhamos escolhido aonde iríamos. Os resorts de praia mais populares do sudoeste da ilha em forma de lágrima eram Galle e Matara, mas, em vez de ficarmos na zona urbana, preferimos alojar-nos pouco mais ao sul do litoral, em vilarejos tradicionais menos desenvolvidos e mais autênticos.

Contratamos um motorista de micro-ônibus e, após pechinchar o preço, colocamos nossas malas no bagageiro, apertamo-nos em nossos assentos e cruzamos a cidade. A jornada para fora da zona urbana nos levou por ruas cheias de *tuk-tuks*[5] e riquixás. Embora alguns distritos fossem modernos e limpos, outros eram coloridos e bagunçados. Quiosques vendendo cigarros, cartões telefônicos, doces e suprimentos em geral alinhavam-se pelas ruas, e comerciantes vendiam frutas e vegetais em lençóis no chão.

A estrada para o sul passou pelo principal distrito comercial, Galle Road, que era organizado e moderno. Seguimos para o litoral sul e logo os escritórios, os apartamentos e as lojas foram desaparecendo, substituídos por florestas exuberantes de um lado e pelo mar azul do outro.

A uma hora de distância da cidade, encontramos uma pequena vila tranquila numa baía de areia dourada. Havíamos lido sobre algumas casas de praia por ali que estavam para alugar, então pedimos ao motorista que parasse para que nossos pais dessem uma olhada. Todos estávamos cansados e não víamos a hora de relaxar e fazer uma refeição. O lugar era ideal. Como muitas das áreas turísticas no Sri Lanka, as acomodações ficavam bem perto da praia, em que os terrenos eram mais valorizados. Havia uma casa grande o bastante que ficava perto de restaurantes e bares, mas em um bairro bem familiar.

---

5 *Tuk-tuk* é um meio de transporte, que lembra os riquixás, muito utilizado em países em desenvolvimento. (N. E.)

Reservamos para uma noite. Nossos pais nunca pagavam adiantado por mais de uma noite de hospedagem quando visitávamos algum lugar novo, caso houvesse uma boate ou alguma construção por perto que os guias tivessem esquecido de comentar.

Tivemos uma tranquila noite de sono e acordamos no dia seguinte com um lindo sol. Era o início da estação seca, quando as temperaturas ficavam em torno dos vinte graus. Acordei bem cedo, como de costume. Estava em um quarto com Paul, que ainda dormia. Levantei. A casa estava quieta. Todos ainda dormiam em seus quartos. Eu gostava das manhãs. Sempre fui de acordar cedo, pois tinha a sensação de que aquela era a parte do dia que me pertencia. Quando o resto da família gradualmente ia acordando, os níveis de barulho inevitavelmente começavam a subir. De vez em quando, eu precisava gritar para ser ouvido em meio à cacofonia da família Forkan. Mas, naquela hora da manhã, tudo ainda estava calmo e sossegado. Saí do quarto fechando silenciosamente a porta, para não acordar mais ninguém, e fui direto para a área principal da casa térrea. Nossas malas ainda estavam feitas. Não tinha por que desfazê-las antes de sabermos se iríamos ou não ficar ali por mais tempo. Caminhei até a minha e puxei um short de banho.

Abri a porta da frente e os raios de sol logo brilharam. Pisquei até meus olhos se acostumarem com a luminosidade. Apesar da hora, já estava calor. O som de pássaros exóticos ocasionalmente quebrava o silêncio. Podia ouvir papagaios. Sorri para mim mesmo. A praia, o som das ondas, o brilho do sol, a areia sob os pés; quatro anos antes, tudo aquilo me pareceria estranho e exótico, mas, naquele momento, era como se eu estivesse em casa. Sentia-me tão à vontade ao chegar em um lugar distante quanto na época em que vivia em New Forest, na Inglaterra. Não me sentia apreensivo e, onde quer que fosse, tinha o desejo de explorar.

Caminhei pela praia rente à água, onde as ondas quebravam tranquilamente na orla. A vila em que ficamos estava em uma baía protegida, por isso as ondas eram calmas. O mar era turquesa e límpido. Entrei na água; era quente. Olhei para baixo e vi uma porção de pequenos peixes nadando por entre minhas pernas.

Um belo dia para nadar, pensei. Não havíamos trazido equipamento de mergulho, mas no caminho para o hotel tínhamos visto várias lojas vendendo artigos de praia bem baratos. Costumávamos comprar o que fosse preciso assim que púnhamos os pés em algum lugar, depois deixávamos tudo lá para as outras crianças usarem.

Entrei nas ondas e comecei a nadar. O mar estava calmo e não havia corrente. Após cerca de vinte minutos, voltei para casa. Mamãe e papai acordaram e estavam sentados à mesa, na sala de jantar, conversando sobre ir a um mercado local para comprar coisas para o café da manhã.

Faltava uma semana para o Natal, mas, no Sri Lanka, não podíamos estar mais afastados de toda a loucura de propagandas e consumismo típicos do mês de dezembro. As poucas decorações e luzes acesas nos restaurantes e hotéis estavam ali apenas para os turistas e para a pequena minoria cristã que habitava a ilha. Por saber que estaríamos lá no dia do Natal, havíamos embalado os presentes uns dos outros, mas eram todos pequenos.

Ficamos no mesmo local por alguns dias, relaxando na praia, mergulhando e explorando a vila antes de fazermos as malas, contratarmos outro táxi e prosseguir em nossa jornada mais ao sul do litoral. Passamos mais alguns dias em uma cidade maior, enquanto traçávamos nosso plano de ação para os dias e semanas por vir.

– Vamos relaxar nas praias até depois do Natal. Não tem motivo para irmos para o interior antes disso – papai nos explicou.

No dia 23 de dezembro fomos para o sul da ilha, até a cidade de Weligama, a trinta quilômetros de Galle. O nome significa "Vila de Areia", e Weligama fica bem na curva no sul do Sri Lanka, na ponta da lágrima, exposta à vastidão do oceano Índico. Embora houvesse hotéis e *hostels* ao longo do litoral em que a cidade fora construída, também era um centro comercial de pesca, com um mercado onde os frutos da pescaria do dia eram vendidos pelos pescadores locais. Era uma cidade agitada e em pleno crescimento, ligada ao resto do país pela principal estrada litorânea e uma linha férrea, que também corria à beira-mar e servia como uma travessia conveniente para pedestres que não quisessem enfrentar o trânsito. O eixo central daquela cidade agitada era a mesquita de quatro andares encimada por um grande domo verde. As ruas estreitas estavam cheias de barracas e tendas que vendiam desde frutas e peixes – limpos e fatiados em pranchas sujas de madeira – até sarongues lindamente coloridos, que muitos homens vestiam. A trilha sonora era composta pelo rotineiro barulho de carros velhos, motocicletas, *tuk-tuks*, bicicletas e o estrondo ocasional de músicas tradicionais. Esgotos a céu aberto percorriam a maioria das ruas. No meio da baía, havia uma pequena ilha chamada Taprobane, na qual uma pequena casa foi construída. Pertencera a um escritor que costumava usá-la como retiro. Quando a maré baixava, podia-se chegar até lá e explorar.

A cidade era famosa por seus "pescadores de perna de pau", cujo estilo único e tradicional de pescar consistia em empoleirar-se em estacas enterradas no leito do mar e lançar suas redes na água. O local também era conhecido pelo surfe. Recifes formavam uma barreira para as ondas e asseguravam boas condições marítimas na maior parte do ano. Era o lugar ideal para novatos aprenderem: o mar era normalmente calmo e havia um *hostel* de surfistas na praia. Ficamos num lugar chamado Neptune Resort, alguns metros depois do *hostel*, na praia e longe do centro da cidade.

As acomodações consistiam em um pequeno hotel central e muitos bangalôs e construções hexagonais de dois andares, como um pavilhão, pintadas de azul e branco, tudo combinando com um jardim bem podado. Muitos dos quartos ficavam virados para a praia. O Neptune era propriedade de um casal italiano muito simpático, e a clientela era uma mistura de nacionalidades, principalmente europeus, com vários italianos e um casal alemão que tinha um filho. Era confortável, um ambiente familiar limpo e bem equipado, numa região de restaurantes e bares ao ar livre.

Ficamos nos bangalôs. Paul e eu dividimos um, mamãe e papai ficaram com Mattie e Rosie em outro, e Jo tinha um só para ela. Ela ficaria conosco até o Natal, quando pegaria um voo à noite para a Inglaterra. O bangalô dos nossos pais ficava na beira da praia, de frente para o mar; o nosso ficava uma fileira atrás, cerca de trinta metros deles, de frente para a ilha.

Na nossa primeira noite, estávamos sentados no restaurante depois do jantar e começamos a conversar com um jovem canadense que estava com a família. Ele percebeu que estávamos jogando cartas e trouxe um jogo para nos mostrar. Chamava-se *Risk*, um jogo de tabuleiro em que os participantes controlavam exércitos e o objetivo era a dominação mundial. Nunca havíamos jogado aquilo, mas o homem nos ensinou as regras. Paul e eu adoramos; jogamos várias vezes seguidas pelo resto da noite.

Na véspera de Natal, fomos conhecer a cidade e passamos a tarde na praia. Parte do mar estava revolto, onde os recifes criavam uma barreira, e a outra estava calma, límpida e ideal para mergulho.

De fato, havia uma energia natalina no hotel, com uma árvore e decorações pelo restaurante, principalmente porque os proprietários eram católicos e a maioria dos hóspedes era ocidental. Mesmo na Índia, em lugares onde havíamos passado anteriormente o Natal, o espírito da época estava presente, com árvores e decorações. No entanto, era difícil conseguir um peru para assar, e quase todos os anos comemos frango ou peixe. Houve um ano na Índia em que comemos churrasco de tubarão.

Nossos pais sempre nos davam presentes, mas eram pequenos, e geralmente coisas práticas. Não comprávamos muita coisa, não tínhamos listas de Natal nem escrevíamos para o Papai Noel. Os presentes eram coisas como tabuleiros de xadrez feitos em madeira ou conjuntos de jogo de paciência comprados nos mercados da região. Na Inglaterra, nossos amigos ficavam empolgados com o que ganhariam com meses de antecedência, mas nós não ligávamos muito para isso. Levar um monte de presentes seria pouco prático. Só carregávamos o que usaríamos. Olhando em retrospectiva, Paul e eu nos lembramos de presentes de quando morávamos em Meadow Close. Lembro-me de uma bicicleta BMX, um Game Boy e outras coisas; mas, nos anos em que viajamos, não conseguimos nos lembrar de nenhum presente. Nada tinha muita importância. O que importava no Natal era passar o tempo com a família – e isso nós fizemos.

Acordamos de manhã com um nascer do sol de tirar o fôlego. Tomamos um café da manhã bem tranquilo no hotel e trocamos presentes antes de irmos para a praia. O hotel tinha pranchas de surfe e caiaques para emprestar aos hóspedes, então pegamos algumas pranchas. Nunca aprendemos a surfar, mas havíamos experimentado na Índia e conhecíamos o básico. Como sempre, papai topava todas e veio junto a nós, remando com os braços à espera da onda perfeita que o levaria de volta à praia. No bom estilo da família Forkan, nenhum de nós desistiu até dominar as técnicas e, embora não fôssemos tão graciosos quanto alguns surfistas experientes que estavam nos arredores, ainda conseguíamos pegar algumas ondas e tivemos várias horas divertidas, jogando água para todos os lados.

Papai, em especial, gostou do desafio. Ele estava na casa dos cinquenta anos, mas sua cabeça era muito jovem, e o que lhe faltava em juventude ele compensava com entusiasmo.

Mamãe olhava para ele e sorria. Eles eram melhores amigos e conseguiram criar seis filhos juntos, enquanto mantinham o espírito livre para aventuras que tinham desde sempre.

Conforme o dia foi passando, papai mostrou poucos sinais de querer sair do mar.

– Precisaria de uma onda gigantesca para trazê-lo de volta – riu mamãe em certo momento.

Com o papai surfando, Paul e eu jogamos críquete e futebol na praia até chegar a hora de voltar, trocar de roupa e descer para o jantar de Natal. O papai remou de volta à praia com um sorriso no rosto.

– Vamos treinar mais um pouco amanhã.

O hotel havia preparado um jantar especial para a noite de Natal. Havia decorações, uma árvore, luzes de natal. Todos os garçons estavam com chapéus natalinos. O prato servido era à moda italiana e estava uma delícia. O hotel tinha um ar mediterrâneo, com paredes pintadas de cal e pisos de terracota. Com o cheiro de alho e manjericão, o som de canções natalinas tocando suavemente ao fundo e o mar a distância, podíamos até pensar que estávamos na Costa Amalfitana. O proprietário caminhava por entre os convidados, parando para conversar com um casal italiano mais velho em sua língua nativa e mudando para um inglês perfeito com todos os outros.

Ele era um grande fã de futebol e tinha bandeiras e pingentes da Itália sobre o bar. O senhor aproximou-se de nós para conversar sobre o esporte por um tempo. A temporada na Inglaterra e na Europa estava a todo vapor e vínhamos acompanhando de perto.

Todos estavam em casais ou em grupos, desejando feliz Natal uns aos outros e aproveitando o calor da noite. Não havia televisões ligadas e tudo parecia tranquilo e sossegado.

Papai estava com seu celular e ligou para a vovó. Depois ligou para Marie. Ela estava em casa com Liam, e dava para notar que meus pais sentiam por ela não poder estar ali conosco. Os dois não viam a hora do casamento. Seria nosso próximo grande programa familiar, e eu me perguntava o que viria depois. Suspeitava que nossas viagens chegariam ao fim.

Jogamos xadrez e, mais tarde naquela noite, o jovem canadense veio até nós com o *Risk*. Enquanto jogava comigo e Paul, ele nos perguntou sobre nossas viagens e o que planejávamos fazer depois do Sri Lanka. Nenhum de nós sabia ao certo. Paul iria terminar os estudos, e eu, provavelmente, arranjaria um trabalho com o papai, ajudando-o com o site. Mas eu não conseguia imaginar uma vida em que não estivesse viajando.

Jo pegaria o avião por volta da meia-noite. Ela tinha uma longa jornada pela frente. Já havia reservado um táxi para levá-la a Colombo, de onde pegaria o voo de duas horas e meia para a Índia, e então uma conexão de oito horas até a Inglaterra, chegando em casa na noite do dia seguinte.

Quando o táxi chegou para buscá-la, estávamos todos cansados. O local estava silencioso e mais fresco. Não havia mais de vinte pessoas no hotel, e algumas tinham saído, outras ido para a cama. Só alguns poucos estavam sentados do lado de fora, conversando e bebendo. Fomos ao quarto de Jo para ajudá-la com as malas e depois para a porta do hotel. Ela abraçou mamãe e papai, que lhe desejaram um bom voo e feliz Natal. Entrou no carro, que partiu logo em seguida. Acenamos até vermos as luzes vermelhas do veículo desaparecerem na estrada principal, direto para a noite do Sri Lanka. Então retornamos para nossos chalés. Mattie e Rosie estavam exaustos, e mamãe e papai gentilmente os guiaram para o quarto para colocá-los na cama. Os dois viraram e sorriram para mim e Paul.

– Feliz Natal, meninos – disseram, em uníssono.

Tinha sido um dia perfeito.

CAPÍTULO 8

26 de dezembro de 2004

A luz do sol entrou no quarto pouco depois das seis e meia da manhã. Lá pelas oito, comecei a acordar. Estava deitado, embrulhado em um cobertor, com os olhos fechados, ouvindo o barulho do mundo lá fora. Tudo muito silencioso. A maioria dos convidados ainda estava em seus quartos depois das festividades da noite anterior. Pude ouvir alguns madrugadores do lado de fora e identifiquei os sons do preparo do café da manhã. Ao fundo, podia ouvir o mar. Paul dormia profundamente na cama do outro lado do quarto. Como em todas as manhãs. Ele tinha quinze anos, eu, dezessete; como um bom adolescente, ele teria dormido até o meio-dia todos os dias, se pudesse. Ele nunca foi uma pessoa matinal. Por algum motivo, eu sempre gostei de despertar logo cedo e, como sempre dividimos um quarto, na maioria das manhãs eu o acordava, normalmente só para rir dele.

Pensei no que faríamos naquele dia. Não havia planos para saídas e papai estava louco para voltar à prancha, portanto seria um dia livre e sossegado na praia, nadando, surfando um pouco, quem sabe um passeio no centro mais tarde.

Esfregando os olhos para acordar, virei-me e pus os pés para fora da cama. Meus pés tocaram em algo molhado. Olhei para baixo, confuso. Uma camada de água cobria o piso. Tinha só cerca de um centímetro de profundidade, e se espalhava em pequenas marolas pelo quarto. Estávamos tão perto da praia que achei que a maré tivesse subido demais, ou que uma onda grande tivesse ultrapassado a linha da maré e chegado aos chalés. Não entrei em pânico. Fiquei mais curioso e pulei da cama, enfiando os pés na água para pegar minha mala e jogá-la na cama para mantê-la seca. Já havia água chegando perto dela. Não queria ter que pendurar tudo para secar e ficar sem roupa para vestir depois.

Gritei para Paul, que não tinha ideia do que estava se passando.

– Paul, o quarto está inundado; coloque sua mala na cama!

Ele grunhiu e se virou.

– Vamos – falei para ele –, suas coisas vão ficar ensopadas.

– Me deixa em paz – gemeu ele, enfim.

Fiquei na água morna por alguns segundos, olhando em volta. Era turva, como se estivesse misturada com terra, nada como o mar cristalino em que havíamos nadado antes. Enquanto analisava o quarto, a água começou a recuar um pouco por baixo da porta, como se estivesse sendo sugada. Foi estranho, como se em algum lugar uma tomada tivesse sido puxada. Os sons estavam diferentes. O canto dos pássaros, que acompanhava sempre o raiar do sol, estava ausente, e não havia o rítmico fluir das ondas. Tudo estava silencioso. Parecia pairar uma tensão.

Intrigado, observei a água que vinha da direção do sol, na praia a alguns metros. Ela tinha penetrado em vários bangalôs uma fileira após a praia. O quarto dos meus pais devia ter inundado também. Alguns dos outros hóspedes estavam do lado de fora, igualmente sem entender nada. Atrás de mim, pouco mais na direção do hotel principal e do restaurante, ouvi um tumulto. Virei e vi o casal italiano mais velho, que estava num dos prédios de dois andares, em sua varanda, gritando e apontando para o mar. Olhei na direção em que eles estavam gesticulando e vi o pai alemão, que estava hospedado em outro prédio com sua esposa e filho, correndo da praia. Ele segurava o garoto contra o peito e se esforçava para correr o máximo que podia. Não fez qualquer barulho, só as respirações desesperadas e o bater dos pés descalços na areia. Seu rosto estava com uma expressão de horror, pânico e profunda determinação. Seja lá do que ele estivesse correndo, movia-se como se sua vida dependesse daquilo. Parecia que tinha acabado de olhar para o rosto da morte. Nem olhou meu rosto quando passou por mim. Nada mais importava a não ser fugir do que quer que ele tivesse presenciado. Sua expressão fez eclodir um instinto primitivo em mim. Minha cabeça disparou. Soube naquele instante que algum grande perigo estava prestes a recair sobre nós. Então, ao longe, ouvi. Um estrondo, como um trem se chocando. Uma brisa começou a vir da direção do mar. As folhas das palmeiras chacoalharam. Senti o chão tremer. Um jorro de adrenalina percorreu meu corpo. Eu precisava agir. Algo estava vindo; algo grande e poderoso.

Meu primeiro pensamento foi Paul. Voltei correndo para o quarto pela porta aberta.

– LEVANTA, LEVANTA, LEVANTA – gritei. Os olhos de Paul arregalaram em choque quando um barulho intenso, que parecia vir de todos os lados ao mesmo tempo e crescia rapidamente, preencheu o quarto. Então o mundo se tornou um caos. Não havia tempo para absorver o que estava acontecendo. Virei para olhar a porta da frente quando aquilo nos atingiu.

O mar, com toda sua fúria e violência, levantou-se e varreu o mundo como o conhecíamos. Sem avisar, num instante, uma parede de água colidiu contra a construção, entrando à força no quarto, arrebentando a janela. Reagi instantaneamente e levantei os braços para proteger o rosto. Estilhaços de vidro cortaram meu braço e antebraço. Eu nem senti, não tinha tempo para pensar no que estava acontecendo, mas sabia que tinha que ficar de pé e encarar a correnteza. A água estava escura e impenetrável. Eu não podia me deixar ser levado enquanto ela entrava com toda sua força. Tudo que eu tinha aprendido sobre me deixar ser levado pela corrente estava errado. As forças girando ao meu redor eram tão poderosas que eu sabia que me quebrariam ao meio como um galho se eu me deixasse levar. Só o que importava naquele instante era lutar contra aquilo e ficar de pé.

A água subiu em questão de segundos. O quarto parecia um redemoinho. A mobília boiava e batia em meu corpo. A força arrancou a pia da parede, pulverizando-a em pequenos pedaços. Agarrei a parede para me apoiar e gritei para Paul, que tinha conseguido se levantar a tempo e estava logo atrás de mim.

– Vamos sair! – gritei.

A água estava na altura da cintura e subia rapidamente. Quanto mais alta ficava, maiores as chances de ela nos levar embora. Precisávamos sair de lá. Se ficássemos no quarto, não escaparíamos vivos.

Puxei o corpo para a frente em direção à porta. Não dava para entender o que estava acontecendo à minha volta. O mundo estava submerso, afundando. Nosso resort tropical paradisíaco estava sendo arrastado para dentro de um vórtice que engolia tudo, marrom de escombros e lama. Da porta, eu podia ver a água invadindo o continente, cheia de fúria e ódio gritante. O barulho era ensurdecedor. E, no meio daquele horror, Paul e eu lutávamos para nos livrarmos de suas garras.

Não tínhamos tempo para avaliar a situação por completo. Tudo que importava eram os poucos metros ao meu redor. Eu precisava ficar em algum lugar mais alto. Eu precisava me equilibrar e escapar do quarto. A porta fora arrancada das dobradiças e, pelo vão, pude ver que a água havia subido até o parapeito da varanda da frente do nosso chalé e passava por cima dele. A estrutura oferecia uma área mais elevada onde poderíamos ficar de pé, então me impulsionei para a frente para segurar o tubo de metal que ficava numa das pontas. Com a outra mão, segurei Paul e subi, ficando parcialmente fora da água. Dei um pulo para a frente e consegui colocar os pés sobre o parapeito, que já estava submerso, e ao fazer isso tirei Paul de dentro do quarto. Acima de mim, havia outra barra de metal ligada ao teto correndo paralelamente à sua borda. Estiquei o braço e a segurei. Quando fiz isso, senti o parapeito onde eu estava se desintegrar embaixo dos meus pés como areia soprada pelo vento. Fiquei suspenso por um braço. Com a outra mão, segurava Paul. A água tentava com todas as forças arrancá-lo de mim. Nem sei como consegui, talvez a água ironicamente tenha nos dado uma ajuda extra, mas encontrei forças para me agarrar nele e puxar nós dois para cima e para fora da água, subindo no telhado. Escalamos descalços pela beirada da calha e cambaleamos em pânico o mais alto possível para tentar ficar bem longe da água. Ambos tremíamos de medo.

Depois da primeira onda turva e abaladora, a água continuava a subir, formando ondas que se quebravam na beirada de nosso frágil refúgio. A construção estava toda tomada. A água arrastava escombros e arrancava telhas a centímetros de nossos pés descalços. O estrondo era interrompido por sons de coisas se arranhando e quebrando, conforme os escombros eram levados pela correnteza avassaladora por baixo da superfície. Prédios destroçados instantaneamente e árvores arrancadas pela raiz tornaram-se aríetes, colidindo contra obstáculos que estivessem em seu caminho. Ficamos agachados naquele lugar, sem ter o que fazer. Era aterrorizante. Pensei na minha vida, minha infância e minhas viagens. Pensei na morte.

Então, tão rápido quanto veio, a onda parou. O barulho diminuiu e a água pareceu se acalmar. Deviam ter passado apenas alguns segundos, mas o tempo parecia ter desacelerado. Até aquele momento, meu único foco tinha sido sobreviver, mas então, pela primeira vez, dei-me conta da situação e olhei o todo ao meu redor. Não se parecia com nada que eu jamais vira. O mar tinha tomado conta da terra. Achei que o mundo tivesse acabado. Estava além da compreensão. Havia escombros boiando por todos os lados. O mundo era uma sopa de formas retorcidas e água marrom, espessa por causa da lama. Árvores estavam amontoadas nos prédios; tábuas, espreguiçadeiras, fios e metais esmagados juntos formavam um carpete flutuante de escombros. Inicialmente, não conseguia ver nem uma alma sequer. Algumas árvores maiores perto da praia ainda estavam de pé e, ao olhar para elas, algo chamou minha atenção. Havia uma figura nos galhos mais altos, alguns metros acima da linha da água. Olhei melhor e percebi que era um garotinho branco. Era Mattie. Ele estava a cerca de cinquenta metros de distância e gritava amedrontado.

Saí do meu estado de assombro e agarrei o braço de Paul.

– É o Mattie, ele está nas árvores.

Gritei para ele.

– Segure-se, estou indo!

Mesmo distante, pude ver uma mancha vermelha escorrendo por seu rosto. Ele estava machucado.

Meu único pensamento inquietante, por segurança, era se os cabos de energia na água ainda estariam carregando eletricidade. Imaginei que eles deveriam ter entrado em curto-circuito e pulei na água da beirada do telhado, dizendo a Paul para aguentar firme e ficar de olho se algum perigo se aproximasse. Não queria ficar mais tempo na água do que precisasse, pois não tinha ideia do que estava por debaixo dos escombros, nem queria pensar muito a respeito. Fiz força na direção de Mattie, que continuava gritando.

Na metade do caminho, comecei a sentir uma corrente sutil, só que dessa vez estava indo na outra direção, para onde o mar deveria estar. Os escombros pelos quais eu estava passando, que estavam parados momentos antes, começaram a se mover. A onda estava recuando, arrastando tudo que tinha devastado de volta para o mar, inclusive eu. Debaixo da superfície, objetos começaram a bater contra mim. Alguns eram sólidos, outros macios. Concentrei-me em minhas braçadas. Nadei rápido, procurando não entrar em pânico. Eu não podia pensar nas consequências se não chegasse até Mattie. Meu irmão caçula precisava de mim.

Os últimos metros exigiram toda a força que me restava e, quando me segurei num galho e me puxei na direção do tronco, eu estava exausto. Não tinha forças para me conduzir para fora da água, então dei a volta para ficar de frente para a correnteza e deixei que ela me espremesse contra a árvore. Fiquei ali agarrado, conforme mais e mais escombros passavam me acertando.

Mattie estava alguns metros acima de mim.

– Onde estão mamãe e papai? – gritava ele. Ele estava em choque, trêmulo e chorando. Havia um corte profundo em sua testa. O sangue havia escorrido por seu rosto e secado em camadas. Eu sabia que precisava mantê-lo calmo.

– Não se preocupe, Mattie, eles devem estar seguros em algum lugar – disse-lhe, entre uma respiração e outra. – Vamos ficar bem. É só se segurar firme.

O nível da água diminuiu conforme a onda corria de volta para o mar, sugando escombros com ela, deixando outros destroços para trás. Revelou-se uma cena de completa devastação. Tudo fora destruído. A paisagem mudara totalmente. Prédios foram apagados, e os que sobraram estavam entulhados de destroços e vegetação. Tudo estava coberto com uma camada de lama e areia molhada.

Ajudei Mattie a descer da árvore. Eu estava cheio de feridas e arranhões, mas não sentia nada. O corte no meu braço estava profundo e escorria sangue. Ficamos chocados e aterrorizados, temendo que a água voltasse. Paul desceu do telhado e começou a caminhar até nós em meio aos destroços. Não tínhamos ideia do que havia acontecido; nós três estávamos estupefatos, tentando assimilar tudo aquilo.

Do início ao fim, o evento todo foi, mais tarde, calculado como tendo durado por volta de dez minutos, mas naquele curto período nossas vidas mudaram para sempre.

Arrisquei-me alguns metros à frente, além das construções à beira da praia, até uma área em que eu podia ter uma visão total do litoral e mais para dentro do continente. A cena que se revelou diante de mim era a mais chocante que eu já tinha visto. Era catastrófica, como naqueles filmes de desastres. Para todo lado que eu olhava, havia destruição. Não conseguia identificar nenhuma área em quilômetros, em qualquer direção, que não tivesse sido aniquilada. A costa inteira tinha sido varrida. Um medo profundo tomou conta de mim. Eu soube naquele momento que teríamos que lutar por nossa vida para nos livrarmos daquela situação. Não fazia ideia do que tinha causado a onda, mas era óbvio que a força da água tinha provocado um dano inimaginável. A estrada que passava atrás do hotel tinha sido destruída e, a partir do meu ponto estratégico, pude ver o dano mais para o interior. Tudo tinha sido completamente varrido.

Eu sabia que estávamos em apuros e sabia que precisávamos encontrar mamãe, papai e Rosie.

– Para onde foram a mamãe e o papai? – perguntei ao Mattie.

– Não sei. Eles tiraram a mim e Rosie do quarto e me levantaram até a árvore.

– Eles devem estar esperando por nós em algum lugar – disse a ele.

Deixei as emoções de lado, enterrei o pavor que ameaçava crescer dentro de mim e tentei ser o mais lógico possível. Primeiro, tínhamos que levar Mattie a algum lugar seguro. Os pavilhões de dois andares dentro do terreno do hotel ainda estavam de pé, então o levei para um deles, onde estava o casal de idosos. Eles estavam na varanda, chorando de desespero.

– Por favor, tome conta do meu irmão – pedi. – Preciso procurar meus pais.

Não sei se eles falavam inglês, mas entenderam o que eu estava dizendo e acenaram com a cabeça. Mattie escalou os escombros empilhados no pé das escadas que levavam até a porta da frente deles, então subiu e ficou de pé na varanda. Disse-lhe para ficar de olho no mar e nos chamar, caso visse a água começar a subir outra vez. Eu queria dar uma tarefa a ele, algo para manter sua mente e atenção longe das cenas ao redor.

Então Paul e eu fomos até o quarto dos nossos pais. Não sabia o que iríamos encontrar, mas era o lugar mais óbvio para começar a procurar.

A porta estava pendurada por uma dobradiça, e o vidro das duas janelas tinha sido destroçado. Olhei lá dentro. Assim como o nosso quarto, estava tudo destruído. As camas e a mobília estavam derrubadas e esmigalhadas. O chão e os móveis estavam ensopados. Agachei e comecei a procurar por entre os escombros no chão. Procurei por qualquer coisa que pudesse nos ajudar. Percebi, pelo nível do que eu tinha visto ao longo da costa, que o que quer que tivesse acontecido fora algo gigantesco. Até onde eu sabia, o mundo havia acabado. Encontrei o celular do papai. Tentei ligá-lo, mas estava quebrado. Tinha sido esmagado e submerso pela onda. Abri a parte de trás e tirei o cartão SIM. Também encontrei um *traveller check* assinado por mamãe. Dobrei e coloquei no bolso da minha bermuda de banho, junto com o cartão SIM. Não havia mais nada no quarto, e nenhum sinal de nossos pais ou Rosie.

Do lado de fora, as pessoas começaram a aparecer, todas em estado de choque. Muitos pareciam zumbis, caminhando sem rumo por entre os destroços de um mundo devastado. Outros ficavam parados, tentando compreender o que havia acontecido. A maioria estava perdida em seus próprios mundos; alguns murmuravam consigo mesmos, outros gritavam e choravam, tentando encontrar seus entes queridos que haviam sumido. Perguntamos àqueles que pareciam ainda capazes de usar a razão se tinham visto nossos pais. Ninguém parecia estar em condições de ajudar, então partimos por nossa conta. Notei rapidamente que não iríamos conseguir ajuda alguma de pessoas mais velhas. Começamos a procurar meticulosamente pelo terreno, nos quartos e nos prédios principais, um por um, em busca de pistas que indicassem onde estava o restante da nossa família. Ninguém parava para perguntar se estávamos bem ou se precisávamos de ajuda.

Cuidadosamente, andamos por entre escombros e vidros estilhaçados, procurando nos prédios que tinham permanecido intactos no complexo. Durante todo o tempo, permanecia uma tensão palpável no ar, um medo de que as águas voltassem. Periodicamente voltávamos para checar o Mattie. Quando achamos que tínhamos procurado o máximo que podíamos, decidimos ir para o interior. Nossos pais não estavam no complexo, e pensei que talvez tivessem ido para algum lugar mais alto e mais seguro. Também queria levar Mattie para um lugar mais seguro e pensei que seria melhor deixá-lo onde havia mais gente. As pessoas com as quais tínhamos cruzado até aquele ponto estavam abaladas demais. A menos de dois quilômetros, seguindo pela estrada principal, ficava o centro de Weligama, mas, pelo que vimos, aquela havia deixado de ser uma opção. Não havia mais estradas. Tinham sido varridas do mapa, e tudo que restara eram obstáculos. Conforme saímos do hotel, ficou mais e mais evidente como tinha sido poderosa aquela onda. Carros, vans e prédios inteiros haviam sido tragados e varridos.

Olhei em volta para encontrar um trajeto mais fácil. Os trilhos de aço da ferrovia que percorria o litoral tinham sido arrancados e retorcidos, mas os dormentes ainda estavam enterrados e ofereciam um caminho razoável e conveniente. Segurei a mão de Mattie e começamos a cruzar aquela paisagem de destruição.

Não demorou muito até encontrarmos o primeiro corpo. Estava parcialmente submerso em uma poça de água e escombros. Um membro estava aparente em um ângulo esquisito. Mattie apontou.

– O que é aquilo?

Tentei distrair sua atenção. Não queria que ele entrasse em pânico.

– Está tudo bem, Mattie, apenas fique de olho por onde está andando.

Era fundamental que ele ficasse calmo. Eu não queria ter que lidar, além de tudo, com a complicação de uma crise de asma. No entanto, quanto mais andávamos ao longo do litoral, passando por áreas mais populosas, mais macabras as visões começaram a ficar. A área logo atrás dos hotéis e restaurantes à beira-mar era predominantemente residencial. Era onde morava a maioria dos trabalhadores: garçons, cozinheiros e faxineiros que sobreviviam graças ao comércio turístico. Então, quando saímos da ferrovia e fomos na direção dessas ruas residenciais, vimos mais e mais corpos. Só consegui esconder parte daquilo de Mattie. Havia corpos ao lado da estrada e corpos arrastados até as paredes dos prédios. Diversos vagões de trem vazios estavam caídos ao lado da estrada, carregados como se fossem brinquedos.

Num determinado momento, passamos por uma estátua esculpida na pedra ao lado do caminho. Mostrava um homem que os locais alegavam ser o Rei da Lepra, um antigo governante que se curou sozinho da hanseníase ao beber leite de coco por três meses. Havia vários Budas meditando esculpidos na tiara da estátua. Ao lado, pude ver um corpo embaixo de um monte de folhas e lama. Chamei a atenção de Mattie para os Budas, enquanto o guiava para dar a volta na pobre alma largada no caminho.

Eu não podia protegê-lo de tudo, então cada um de nós registrava as cenas de horror silenciosamente, mas sem parar de andar. No trajeto, vimos outras pessoas andando sem direção. Fiquei me perguntando como conseguimos manter a cabeça tranquila, quando a maioria dos adultos que encontramos estava arrasada. Acho que por causa de nossas viagens e nossa educação. Quando chegamos ao Sri Lanka, estávamos viajando há quatro anos e tínhamos passado um bom tempo na Índia, onde testemunhamos algumas visões terríveis das cidades. Vimos a extrema pobreza e o extremo sofrimento humano. Vi crianças mendicantes, órfãos e pessoas com lepra. Embora o que houvéssemos testemunhado com a onda estivesse num nível completamente diferente, fôramos expostos ao sofrimento no passado. A maioria dos turistas por quem passamos, não. Estavam lá apenas para umas férias de duas semanas. Crescemos acostumados a enfrentar desafios e casualidades que a vida poderia nos apresentar enquanto viajávamos. Penso que aquilo nos deu a base para suportar o que estávamos vivenciando, impedindo que ficássemos em choque. Também tínhamos um senso de independência bem desenvolvido. Nas escolas convencionais, as crianças aprendem desde cedo que, sempre que algo der errado, elas devem procurar um adulto. Se for incomodado por alguém, procure um professor. Se estiver perdido, procure um policial. Não tivemos uma educação tradicional, e era natural aceitar que, se precisávamos sair da situação em que estávamos, tínhamos que chamar a responsabilidade para nós mesmos.

Chegando ao centro da cidade, o caos gerado pela água havia substituído o caos humano. Era como se o ninho de uma abelha tivesse sido remexido, e havia centenas de pessoas em vários estados de pânico, luto e choque, cada uma em seu mundo particular. O senso de terror continuava permeando tudo; podíamos senti-lo no ar.

Ao adentrarmos o centro, não havia organização, ninguém estava no comando, mas as pessoas pareciam se reunir na mesquita da cidade, que era alta e ficava em um ponto elevado. Parecia ser o lugar mais seguro de Weligama, então seguimos a multidão; algumas pessoas carregavam corpos, muitas tinham ferimentos graves. Entramos no local. Parecia um hospício apinhado de pessoas. Cheirava a suor e medo. O som ensurdecedor de gritos e choros preenchia o ambiente. O salão principal estava lotado de gente, e ninguém parecia saber o que estava acontecendo. Pessoas feridas estavam caídas, sangrando, nos cantos e no chão. Alguns estavam recebendo os primeiros socorros, mas o lugar estava saturado. A ferida no meu braço precisava de pontos e a cabeça de Mattie precisava de atenção, mas eu sabia que o local era anti-higiênico e não éramos casos urgentes. Olhamos em cada cômodo, tentando encontrar rostos brancos para ver se algum deles era de nossos pais ou Rosie. Paul e eu acalmávamos Mattie continuamente, dizendo-lhe que tudo ia ficar bem. Perguntamos às pessoas se elas tinham visto alguém que se parecesse com as descrições dos nossos pais ou Rosie, mas alguns só nos olhavam atônitos. Vasculhamos o templo por cerca de meia hora, mas cada vez mais ficava aparente que a busca era inútil.

Decidimos voltar ao complexo hoteleiro. Eu tentava adivinhar o que nossos pais fariam e fiquei pensando que, se eles tivessem chegado à cidade como nós, perceberiam o caos em que tudo se encontrava e decidiriam voltar para nos encontrar no litoral. Nossa jornada agora era refazer os nossos passos pela cidade e pela ferrovia.

No caminho de volta ao mar, o número de mortos ficou bem evidente. A água deixada pela onda começava a secar, revelando ainda mais aquele horror. Era impossível ignorar. De volta à praia, havia mais atividade. Naquele ponto, horas já haviam se passado desde que a onda tinha nos acertado e, embora ainda houvesse o medo de ela voltar, as pessoas estavam se arriscando para procurar seus entes queridos e começaram a ajudar os outros. Foram tiradas à força de seu choque.

Quando entramos novamente pelos portões, havia cerca de vinte pessoas vagando por ali, e perguntamos se alguém tinha visto nossos pais ou nossa irmã. Nem sinal. Procuramos nas pilhas de escombros novamente. Caminhamos pela praia. Eu me esforçava para me manter positivo; não podia alimentar o pensamento de que algo terrível havia acontecido com todos eles.

Na praia, havia um grupo de pessoas em frente ao *hostel* de surfistas. Um jovem casal correu até nós.

– Vocês são os irmãos que estavam no Neptune? – perguntaram urgentemente.

Nós concordamos com a cabeça.

– Vocês têm uma irmã?

Meu coração começou a acelerar.

– Sim. Rosie – respondi.

Eles viraram e gritaram para um grupo de pessoas paradas na entrada principal do *hostel*.

– Nós os encontramos – disseram eles. As pessoas perto da porta gritaram para dentro do prédio para alguém que não conseguíamos ver.

– Seus irmãos estão aqui.

Comecei a correr na direção da porta. Eu mal podia acreditar que Rosie estava lá dentro. Tantas pessoas haviam perdido a vida.

A porta para o *hostel* era uma janela com os vidros estilhaçados. Lá dentro, um corredor estreito e cheio de destroços levava para um lance de escadas. Olhei através do vidro quebrado e vi minha irmãzinha descendo as escadas. Ela usava um traje de banho. Quando me viu, começou a correr e atravessou a porta chorando. Nós nos abraçamos e ficamos um tempo assim, chorando. Senti um alívio tremendo. Não queria largar Rosie para não perdê-la de novo. Nunca me senti tão abalado emocionalmente. Encontrar alguém vivo no meio daquele cemitério era algo incrível. Rosie era só uma criança, ela sempre foi a princesinha da família, a mais nova e aquela de quem todos cuidavam. Peguei-a no colo, ela me abraçou com força e eu coloquei sua cabeça em meu pescoço.

– Vai ficar tudo bem – disse a ela. – Vamos superar isso tudo. A mamãe e o papai vão estar esperando por nós.

Paul e Mattie correram e se juntaram a nós, e quando Rosie, enfim, me soltou, conferi para ver se ela estava machucada.

Como todos nós, ela tinha ferimentos leves e hematomas, mas havia outra ferida que me preocupou mais. Ela estava com um corte bem profundo no braço. Tinha parado de sangrar e havia sido limpo pela pessoa do *hostel*, mas precisaria de mais atenção. Ela nos disse que não estava doendo. Nenhum de nós comentou sobre as feridas. Estávamos tão cheios de adrenalina que não sentíamos nada.

Ajoelhei e gentilmente perguntei se ela sabia onde estavam nossos pais. Ela me disse que eles a tiraram do quarto quando a onda veio, mas que aquela havia sido a última vez que os vira. Tentaram se segurar nela, mas a água os havia levado.

Perguntei aos surfistas onde eles a haviam encontrado, e disseram que ela estava de pé embaixo de uma árvore, que havia escalado para fugir da água. Também contaram como ela tinha sido incrível. Não entrou em pânico, não chorou nem desfaleceu. Ela era uma lutadora, disseram; era destemida.

Lembrei das aventuras que havíamos vivido. Dirigimos em estradas à beira de precipícios, com caminhões vindo em nossas direções, sem barreiras para nos proteger. Deparamo-nos com cobras mortais. Surfamos e caminhamos no meio da selva. Enfrentamos o caos de Nova Déli e Mumbai. Tínhamos uma visão precisa de perigo, e isso ajudou cada um de nós a lidar com a situação em que nos encontrávamos. Disse um "obrigado" silencioso a mamãe e papai. Sem as experiências pelas quais eles nos fizeram passar, duvidei que estaríamos vivos.

Não tínhamos comido ou bebido nada o dia inteiro. Encontramos uma garrafa de Coca-Cola no chão do restaurante do *hostel* e a dividimos enquanto discutíamos o que faríamos em seguida. Sabíamos que não iríamos encontrar nossos pais ali. Novamente presumi que eles tinham ido para o interior, que era para onde a maioria das pessoas estava indo. Não havia nada para ninguém na frente do mar, e também não havia proteção. Falamos com o restante dos sobreviventes na praia, em sua maioria turistas europeus. Dissemos que as pessoas estavam se reunindo na mesquita da cidade e que, se alguma ajuda estivesse a caminho, lá provavelmente seria o primeiro lugar a que chegaria. E ficava em um lugar elevado.

– É mais seguro do que ficar na praia como alvos – eu disse.

O consenso foi de que eu estava certo e o grupo concordou que faria mais sentido estar entre pessoas. Éramos os únicos a terem se arriscado a ir até a cidade, então já conhecíamos o caminho.

– A estrada já era – alguém disse.

Expliquei que havia um caminho pela ferrovia.

– Vamos lhes mostrar o caminho – ofereci.

Com isso, pus Rosie nas costas e nós quatro voltamos para a cidade. Um grupo de cerca de vinte sobreviventes, todos adultos, seguiu-nos.

CAPÍTULO 9

Tenho que superar isso

As palavras da mamãe continuavam reverberando em meus ouvidos.

– Não importa o que aconteça, a Mãe Natureza é a única capaz de virar seu mundo de cabeça para baixo num piscar de olhos. A Natureza é a coisa mais poderosa que existe.

Não houve avisos. Nem indicadores de tremores. Não houve nada. A destruição foi imediata e completa. Tinha ouvido falar vagamente sobre tsunamis ou maremotos, mas eu não tinha certeza do que havia acontecido, do que fizera a água invadir a terra tão violentamente. Ela havia destruído tudo em seu caminho. Pensei que talvez em algum lugar no mar uma bomba atômica pudesse ter sido detonada.

Ao conduzirmos o grupo de sobreviventes pela ferrovia, eles permaneceram calados, alguns ainda perplexos, incapazes de compreender o que estavam vendo. Muitos estava machucados; batidos, cortados e ralados. Uma alemã de meia-idade tinha quebrado a perna. Era óbvio: inchada, roxa e torcida no joelho em um ângulo nada natural. Ela se apoiava em outros dois rapazes, chorando e gritando de dor.

O caminho para a cidade era lento e vimos mais gente aglomerada ao entrarmos pela periferia, tropeçando em meio às ruínas que foram suas casas, procurando por objetos pessoais perdidos na água, buscando pessoas, chorando pelos mortos. Paul e eu não paramos de falar com Mattie e Rosie durante todo o caminho; tentávamos manter sua atenção focada em pensamentos positivos e não naquela desgraça ao redor. Alguns do grupo eram emocionalmente mais fortes do que outros. Estava óbvio que alguns estavam à beira de um colapso e de tempos em tempos desabavam, principalmente quando eram deixados sozinhos com seus pensamentos.

Paul e eu não podíamos nos deixar sucumbir. Estávamos concentrados em achar nossos pais. Até aquele instante, não tinha passado pela nossa cabeça ceder à tristeza. Nem podíamos, porque os mais novos estavam sob nossos cuidados e precisávamos liderá-los. A asma de Mattie pioraria o problema, então precisávamos mantê-lo calmo. A ferida em sua cabeça era fácil de lidar, assim como o corte em meu braço. O sangue fazia com que parecesse pior do que era. Rosie tinha um talho no braço, era o pior ferimento de todos. Era tão profundo que dava para ver o músculo. Mas ela nem reclamava.

Chegamos a Weligama pela segunda vez por volta das duas da tarde. Estava barulhenta e ainda mais agitada do que antes, cheia de desespero e pessoas confusas. Muitos estavam feridos e necessitando de auxílio médico. Alguns carregavam corpos. Todos estavam no limite, temendo que outra onda viesse varrendo tudo. Muitos iam na mesma direção, atraídos à cidade a partir dos centros turísticos na frente do mar. Assim que pegamos uma estrada na periferia, as pessoas começaram a correr e a nos ultrapassar gritando. Alguém, em algum lugar, tinha ouvido ou visto alguma coisa e entrara em pânico. O pânico se espalhou como uma doença contagiosa, e então muitos debandaram, vindos de trás de nós. Em segundos, multidões começaram a passar correndo, fugindo do perigo desconhecido que vinha até a cidade. Paul e eu pegamos Rosie e Mattie e começamos a correr também. No caminho, tínhamos conseguido resgatar alguns itens que achamos que pudessem ser úteis, como roupas e ferramentas, mas deixamos tudo cair e corremos com todos os outros o mais rápido que podíamos, até nossas pernas queimarem e nossos pulmões doerem do esforço. Pouco depois, a debandada diminuiu, e em seguida parou, quando as pessoas notaram que não passava de um alarme falso. Exausto, abaixei-me e procurei recuperar o fôlego.

À nossa volta havia carros de cabeça para baixo, veículos ao lado de casas, casas com apenas uma parede sobrando, barcos fincados nas árvores. Para qualquer lado que se olhasse, pessoas consternadas choravam. Era como se a normalidade estivesse invertida. Na Inglaterra, uma pessoa aparentemente angustiada em um local público atrai alguma reação. Normalmente, há alguém para ajudar. Mas, em Weligama, todos estavam arrasados. As poucas pessoas calmas pareciam estranhamente deslocadas.

Quando voltamos para a mesquita, a situação havia piorado consideravelmente, porque mais pessoas tinham trazido corpos e mais feridos chegaram para buscar ajuda. O andar térreo era o pior, pois lá estavam aqueles mais machucados, que não conseguiam subir as escadas. Muitos simplesmente estavam caídos no chão. Era difícil identificar se alguns estavam vivos ou mortos. Os ferimentos variavam desde membros quebrados ou destroçados, com ossos saindo para fora da carne, até feridas de traumas e esmagamentos. Corpos ocupavam o lado de fora e o lado de dentro. O grupo se dispersou e fomos para dentro procurar nossos pais mais uma vez, perguntando se alguém os tinha visto. Como havia poucos ocidentais, nossas buscas eram muito mais fáceis, pois podíamos nos concentrar em procurar só por pessoas brancas. Passamos quase correndo por aquelas cenas terríveis e olhamos rapidamente o andar térreo.

Em uma sala no andar de cima, havia um homem com uma agulha dando pontos nos feridos. Ele estava agachado no chão, suando e encardido. Havia apenas uma agulha. O homem nos viu quando nos aproximamos e olhou para os meus braços e os de Rosie. Gesticulou apontando meu braço e fez menção de querer me dar pontos. Ele caminhou na nossa direção.

– Não, não! – Eu o afastei.

Não tinha ideia se ele era médico. Parecia não haver ninguém qualificado como médico em todo o lugar. Não havia sistema nem triagem. As pessoas só estavam se ajudando da melhor forma possível. Aqueles que se sentiam capazes ajudavam os necessitados. O homem não tinha equipamento apropriado; aparentemente ele tinha só aquela agulha, que, eu imaginava, tinha sido usada para costurar inúmeros feridos. Eu sabia bem como aquilo era arriscado. Com certeza não iria deixá-lo tocar em mim ou na minha irmã.

Continuamos procurando quarto por quarto, perguntando por alguém com cara de europeu ou que se encaixava nas descrições do papai ou da mamãe. Nem sinal.

Voltamos para baixo, para o salão principal, que parecia um tipo de hospital de campo de batalha. Era barulhento e fedia a suor e sangue. O ar estava sufocante, as pessoas choravam e gritavam, inquietas e com dor. Havia centenas amontoadas no prédio. Algumas estavam com cobertores ou em tapetes, outras apenas deitavam-se no chão.

Tratei de desligar da minha cabeça o barulho e mantive o foco. Seria fácil ser tomado pelo desespero se olhasse ao redor. Talvez crescer numa família tão grande e barulhenta tenha ajudado de alguma forma. Quando eu era criança, aprendi a abstrair a algazarra de irmãos briguentos; era a única opção se eu quisesse paz e silêncio.

Alguns anos antes de estarmos no Sri Lanka, havia uma música popular que tocou muito nas rádios; "Gotta Get Through This", de Daniel Bedingfield. A letra do refrão começou a tocar na minha cabeça: "Tenho que superar isso, tenho que superar isso", dizia para mim mesmo. Tornou-se o meu mantra conforme levava meus irmãos por entre as fileiras de feridos e necessitados em busca de nossos pais.

Vi um dos casais idosos de alemães do grupo que veio caminhando da praia conosco. Os dois estavam sentados no chão contra uma parede, no segundo andar. Eles não estavam feridos, mas não estavam ajudando ninguém. Estavam sentados e esperando ajuda, nitidamente incomodados pelo que estava acontecendo ao seu redor. Então a senhora fez algo que eu nunca esquecerei. Enfiou a mão num bolso, puxou uma barra de chocolate Toblerone e, calmamente, comeu-a. De repente lembrei-me de como eu estava com fome. Tirando a Coca-Cola, não tínhamos comido nada o dia inteiro. Ela não fez qualquer menção de oferecer nada a nenhum dos necessitados ao seu lado. Aquilo embrulhou meu estômago. Foi uma das coisas mais egoístas que já vi alguém fazer.

"Por que não está dividindo?", pensei. Senti uma raiva subir dentro de mim. Era o exemplo do outro lado da humanidade: a falta de consideração e respeito pelo sofrimento dos outros. Havia crianças ali que deveriam estar famintas.

Já estávamos na mesquita por algum tempo e ficou claro que nossos pais não estavam lá. Decidi que precisava procurar mais longe.

Encontrei um espaço vazio em um dos cômodos do andar de cima e sentei os outros, agachando, em seguida, na frente deles.

– Tudo vai ficar bem. Vocês precisam ficar aqui enquanto eu vou procurar nossos pais, está bem?

Eles concordaram, meio inquietos.

– Paul, cuide deles. Eu volto em algumas horas.

Eu esperava encontrar algum tipo de centro administrativo em outra parte da cidade, algum lugar que não tivesse sido afetado pela água, em que as pessoas pudessem encontrar seus parentes. Saí correndo da mesquita, deixando os outros. Não tinha dúvidas de que, em algum lugar naquela confusão, mamãe e papai estariam juntos procurando por nós. Nem cheguei a pensar que algo de ruim pudesse ter acontecido. Eles eram indestrutíveis.

Do lado de fora, na rua, comecei a pedir informações.

– Onde as pessoas procuram ajuda?

A maioria não me compreendia. Era irritante e frustrante. Quanto mais o dia passava, mais ansioso eu ficava para achar meus pais.

As pessoas davam de ombros ou me ignoravam, perdidas em seus próprios problemas.

Virei e vi um garoto atrás de mim. Ele era nativo do Sri Lanka, menor e mais magro que eu, mas parecia ter a minha idade. Estava numa bicicleta e morava na cidade.

Ele falava inglês.

– Você está bem? – perguntou ele, olhando para o meu braço. Olhei para a ferida.

– Sim – concordei. – Estou tentando achar meus pais.

– Perdi minha mãe – disse ele. – Não tenho pai.

O garoto me olhou nos olhos.

– Eu vou ajudá-lo. Vamos procurar juntos. Seremos irmãos.

Ele me ofereceu um pequeno sorriso, e eu acenei em resposta.

– Você tem outra bicicleta? – perguntei.

Ele gesticulou em volta, como se dissesse "pode escolher". As ruas estavam cheias de escombros, e como bicicletas eram uma das principais maneiras de locomoção na cidade, havia várias jogadas por todos os cantos. Era fácil encontrar uma. Escolhi uma que parecia funcionar, em meio a uma pilha de metais retorcidos, e subi.

– Aonde vamos? – perguntei a meu novo amigo.

– À polícia – respondeu ele. Eu o segui conforme ele pedalava.

Enquanto andávamos juntos, ele explicou que alguns habitantes da região lhe tinham dito que havia pontos de encontro organizados pela polícia e também um hospital a alguns quilômetros fora da cidade.

A polícia ficava nos arredores da cidade, e demorou apenas alguns minutos para chegar. Era um pequeno prédio; havia policiais tentando manter algum tipo de ordem. Multidões andavam do lado de fora, e era óbvio que os oficiais estavam totalmente despreparados para o que tinha acabado de acontecer. Simplesmente não sabiam o que estava ocorrendo. As pessoas começaram a ficar frustradas, gritando e fazendo perguntas para as quais ninguém parecia ter resposta. Corpos também tinham sido levados para lá e estavam dispostos ao lado do prédio.

Enfiei-me no meio da multidão com o garoto e conseguimos falar com um dos policiais. Meu amigo perguntou na língua nativa sobre sua mãe e meus pais. O policial balançou a cabeça. Uma das paredes na frente da delegacia estava cheia de pedaços de papel. Olhei mais de perto e vi que cada um tinha coisas escritas.

– Para desaparecidos – explicou o garoto.

Os bilhetes eram mensagens de pessoas que tinham se perdido para que os outros soubessem que estavam vivas. Alguns haviam caído e eram levados pelo vento. Ninguém estava registrando as informações adequadamente.

– Vamos para o hospital – disse meu amigo.

Pedalamos para fora da cidade, até depois da área de devastação da onda, na direção do interior. Ocasionalmente, um veículo passava correndo por nós, carregando feridos para o hospital. Tínhamos que cruzar uma grande montanha para chegar lá. Estava quente, eu estava com fome e, pela primeira vez naquele dia, comecei a me sentir exausto. Eram cerca de cinco horas da tarde, nove horas depois de a onda ter nos atingido.

Ao nos aproximarmos do hospital, pude ver ao longe que ele estava um caos. Não chegava nem perto de um hospital de médio porte da Inglaterra, com várias alas. Pelo lado, avistei uma área do tamanho de vários campos de futebol que parecia cheia de pilhas de materiais em fileiras desordenadas. Quando chegamos mais perto, percebi que eram corpos.

Chegando à entrada, demo-nos conta do profundo horror que estava acontecendo. Na frente, o hospital tinha se expandido. O estacionamento inteiro e a entrada estavam tomados pelos mortos e feridos. O local consistia em vários prédios, e entre eles estavam dispostos muitos corpos e pessoas sendo tratadas. Não havia equipes suficientes para tanta gente.

Joguei minha bicicleta de lado e ambos fomos nos enfiando em meio às pessoas. Concentrei-me na entrada. Meu coração estava disparado no peito. Não queria olhar ao meu redor. Eu não sabia quem estava vivo ou morto. Havia um policial na recepção e alguns seguranças que tentavam manter certa ordem. Assim como na delegacia, havia aglomerações de pessoas fazendo perguntas e tentando receber algum tipo de informação. Cheguei até a frente e havia uma mesa com canetas e papéis, onde pessoas se enfileiravam para escrever seus nomes e os nomes de seus entes desaparecidos, com uma pessoa organizando tudo. Foi a primeira vez que vi algo parecido com um sistema de registro, então escrevi os nomes dos meus pais, quem eu era e onde estávamos.

Aproximei-me de um dos guardas com meu amigo e perguntei se ele vira um homem e uma mulher brancos. Ele me olhou assustado e exausto, murmurando alguma coisa.

– Ele disse "vá e procure" – explicou o garoto.

Saímos juntos e vasculhamos o hospital, quarto por quarto. Era mais fácil para mim, já que eu só estava procurando rostos brancos, então minha busca foi mais rápida, e naquele pandemônio nós dois nos separamos.

Para todos os lados havia pessoas feridas e enfaixadas. Alguns tinham macas, outros estavam dispostos no chão. Os médicos e enfermeiras estavam atolados e lutando para lidar com a onda de sofrimento à sua volta.

Olhei em cada quarto, perguntando às pessoas se tinham visto um homem e uma mulher brancos. Então, depois de cerca de vinte minutos, alguém me indicou outra parte do hospital. Eles disseram que ouviram falar sobre uma mulher branca que tinha sido recebida e estava sendo tratada em uma das outras alas.

Meu coração disparou. Foi a primeira pista que tive, então corri pelo hospital para onde me haviam indicado, na esperança de encontrar mamãe e papai.

Corri para a ala e olhei para os rostos nas camas e no chão, ansioso por encontrar algum rosto familiar. Vi a mulher branca. Ela tinha cabelos negros e ataduras ensanguentadas em volta da perna. Não era minha mãe. Olhei de novo, caso não tivesse visto alguém. Caminhei por entre os feridos, mas não havia outros ocidentais, exceto a pobre mulher, machucada e isolada. Virei-me e saí do quarto.

Desesperançado, continuei procurando até dar uma volta completa no hospital. Comecei a ficar cada vez mais deprimido e me dei conta que, para ter certeza de que não estava faltando lugar nenhum, teria que procurar no único lugar que restava: o macabro cemitério improvisado no lado de fora. Eu não queria ver o que estava debaixo dos lençóis, mas não tinha outra escolha.

Lá fora, outros estavam na mesma terrível tarefa de procurar seus entes amados entre os mortos. Os corpos estavam dispostos em fileiras. Alguns estavam cobertos, outros, não. Caminhei por entre eles tentando não olhar muito tempo para cada um; só uma olhadela para verificar se era alguém de pele branca. Não havia nada, nenhuma esperança, apenas fileiras e mais fileiras de vidas que chegaram muito cedo ao fim.

Então o vi. Olhei demais para ele e a imagem ficou gravada em minha mente por muito tempo. Era um garoto pequeno, sem lençol para cobri-lo. Seu corpo era frágil e estava congelado na posição que deveria estar no momento do choque da onda. Estava encurvado, com a boca fixa em um eterno e silencioso grito. Seus olhos estavam arregalados de pavor e os braços para cima, perto do rosto para se proteger. Foi horrível. Virei e corri.

Meu novo amigo do Sri Lanka estava sentado onde deixáramos as bicicletas. Deu para notar que, pelo olhar de tristeza em seu rosto, não tivera sorte, e ele sabia pelo meu olhar de choque que eu estava na mesma situação. Sem energia, pedalamos de volta para Weligama em silêncio, onde desejamos sorte um ao outro e nos separamos. Ambos vivenciamos coisas que jamais esqueceríamos e, mesmo assim, jamais soubemos o nome um do outro.

O sol estava se pondo quando voltei para a mesquita para contar as más notícias para Paul. Levei-o para o lado de fora, longe dos ouvidos dos outros, que esperavam pacientemente pelo meu retorno. Eu não queria que Rosie ou Mattie ouvissem os detalhes do que eu tinha visto, embora protegê-los do total horror que estava à nossa volta fosse impossível.

Paul e eu ficamos na beira da estrada conversando em voz baixa. Olhei para o lado e vi um homem branco se aproximando. Ele parecia ter uns quarenta e cinco anos e, como a maioria das pessoas, estava com camiseta e bermuda sujas. Falou com um sotaque de Newcastle.

– Oi, rapazes, meu nome é Tony. Vocês são os garotos que estavam no Neptune? – Ele parecia amigável e foi um alívio ouvir um sotaque britânico.

Nós concordamos com a cabeça.

– Posso ter uns minutos de sua atenção, por favor?

Ele explicou que um dos garçons do hotel tinha novidades e queria falar conosco. O homem nos levou para uma pequena casa do lado oposto da mesquita. Do lado de dentro estava quente e úmido. Não havia eletricidade e, na penumbra, pude ver um grupo de nativos sentados juntos, alguns em cadeiras, outros no chão. Estavam quase cochichando. Reconheci alguns dos empregados do Neptune. Havia uma mulher com eles; descobri que era a esposa de Tony.

Eles estavam tomando chá e acenaram para nos juntarmos a eles. Um dos homens ofereceu uma xícara a nós dois. Aceitamos de bom grado. Enquanto bebíamos, olhamos para o grupo com expectativa. Eles conversavam entre si. O garçom parecia incomodado e ansioso. Olhou-nos com tristeza e, em seguida, para Tony, com ar suplicante.

Tony respirou fundo.

– Rapazes, eu sinto muito, mas parece que encontraram seu pai. Ele estava na fábrica de gelo, ao lado do hotel.

Ele não teve que dizer; eu sabia que era um corpo. Eu não queria acreditar que era o papai.

– Mas como sabem que era ele? – perguntei.

Tony começou a descrevê-lo; um cara branco e alto. Eu sabia bem no fundo que era verdade. Todos os garçons conheciam meu pai, então havia poucas chances de eles terem se enganado sobre o homem que encontraram, e não tinham motivo para mentir. Eram pessoas boas e corretas. Não nos teriam dito se não tivessem certeza.

– Você quer ir e ver para garantir? – perguntou Tony, gentilmente.

Balancei a cabeça em silêncio.

Paul e eu não conseguimos nos conter. Desabamos em choro, soluçando. Nossas cabeças caíram entre os joelhos, então Tony e sua esposa nos abraçaram ao mesmo tempo.

– Sinto muito, rapazes – disse ele.

Ele não sabia mais o que fazer ou dizer. Sentamo-nos ali por algum tempo, sentindo as emoções entaladas do dia serem expulsas de nós. Era um luxo conseguir se soltar por uns minutos. Mas eu sabia que precisávamos nos recompor, pelo bem dos irmãos mais novos que estavam nos esperando. Não havia tempo para autocompaixão.

Quando nos recompusemos, decidimos não contar nada a Mattie ou Rosie. Quanto menos soubessem, melhor. Precisávamos que continuassem tendo esperança. Tony explicou que havia outro grupo de ocidentais na vila e que, junto ao dono do Neptune, eles tentariam chegar à capital, Colombo. O proprietário conhecia pessoas ali que poderiam ajudar. Naquele momento, ninguém sabia ainda qual havia sido a extensão dos danos no resto do país e até onde a água havia chegado (soubemos depois que, em alguns lugares, chegara a penetrar quilômetros).

Eu não queria ir. Se o papai estava morto, eu não queria ir sem a mamãe. Talvez ela estivesse perdida em algum lugar e precisasse de nós. Queria que todos estivéssemos juntos. Mas eu sabia que tinha que nos levar para algum lugar seguro, e havia pouca esperança se permanecêssemos nas ruínas de Weligama. A situação era desesperadora. Não havia comida nem água. Rosie e eu precisávamos de tratamento médico e, pelo que eu vira, os serviços de emergência haviam entrado em colapso. Sabia que, se quiséssemos sobreviver, precisávamos ir embora. Paul e eu concordamos com um plano de ação. Diríamos a Mattie e Rosie que nossos pais nos encontrariam em nossa casa na Inglaterra e que precisávamos chegar ao aeroporto.

Saímos dali para chegar até nossos irmãos e, ao cruzarmos a estrada principal, um ônibus passou por nós. Devia estar levando sobreviventes para algum lugar. Nós dois olhamos para lá e, ao mesmo tempo, gritamos:

– Mãe!

Nós a vimos sentada perto de uma das janelas. Imaginamos que estava indo a algum lugar para procurar por nós.

Adrenalina e alívio tomaram conta de mim, e nós dois corremos atrás do ônibus, gritando para que ele parasse. Mesmo esgotados emocionalmente, famintos, com sede e exaustos, conseguimos correr atrás do veículo e batemos em sua lateral, gritando para que o motorista parasse. Ele abriu as portas da frente e nós entramos correndo.

– Nossa mãe está aqui – disse a ele, sem fôlego, caminhando pelo corredor, checando cada passageiro. Rostos pálidos olhavam para nós. A mamãe não estava em lugar nenhum. Não conseguíamos entender. Nós dois vimos a mesma coisa. Estávamos convencidos de que ela estava ali e procuramos mais uma vez, cada vez mais agitados.

– Ela está aqui – eu disse. – Eu a vi.

Não dava para entender. Nós dois a vimos, claro como o dia, e ainda assim ninguém se parecia nem remotamente com ela. Ficamos arrasados. Foi devastador ver que ela não estava lá e, depois de descermos do ônibus, começamos a chorar ao lado da estrada.

"Tenho que superar isso. Tenho que superar isso…" Eu repetia o mantra em minha mente. Levantei a cabeça e olhei para o meu irmão.

– Vamos, Paul. Vamos buscar os outros.

Até hoje, nós dois temos certeza de que vimos nossa mãe naquele ônibus. Não sei o que aconteceu ou por que ela não estava lá quando entramos. É inexplicável. Mais uma vez, levantamos e pusemos de lado nossos medos e pensamentos mais sombrios. O que importava agora era levar nossos irmãos mais novos para casa.

CAPÍTULO 10

A longa estrada de volta

Reunidos com Mattie e Rosie, fomos nos encontrar com o grupo que estava indo para a capital. Os caçulas esperaram pacientemente por nós e não lhes contamos nada do que havia acontecido. Devíamos estar parecendo dois trapos humanos. Nossos trajes de banho estavam cobertos de lama. Nossos rostos estavam manchados de sujeira e lágrimas. Nossos pés descalços estavam imundos e cheios de cortes. Nem lembrei que tínhamos passado o dia inteiro sem calçados. Anos morando na praia, felizmente, haviam engrossado as solas dos meus pés.

Estava anoitecendo e, sem eletricidade, as pessoas começaram a fazer fogueiras para ter luz e calor. Nas janelas dos prédios e em espaços abertos, luzes misteriosas cintilavam, banhando as redondezas de amarelo e laranja, fazendo sombras de escombros retorcidos. O cheiro de fumaça e decomposição preenchia o ar. Parecia uma cena pós-apocalíptica.

Ainda não sabíamos nada a respeito dos danos que a onda tinha causado terra adentro. Não fazíamos ideia de que a devastação se espalhara por todo o Sudeste Asiático. De tempos em tempos, ouvíamos o som de helicópteros ao longe. Tinha visto alguns militares mais cedo naquele dia, e os voos continuaram no escuro.

Reunimos o restante do grupo, que estava esperando do lado de fora da casa. Tony e sua esposa estavam com o dono do Neptune e outros hóspedes, além de algumas pessoas do grupo que trouxemos da praia. O casal alemão com seu filho estava lá. A mulher da perna quebrada também. Ela havia sido enfaixada, mas precisava de cuidados médicos apropriados e estava imobilizada, claramente com muita dor.

Pairava ainda um medo palpável de que as águas retornassem e, conforme escurecia, o proprietário, que parecia ser o líder do grupo, explicou que conhecia um lugar seguro em uma região mais elevada e interiorana, onde poderíamos passar a noite. No dia seguinte, ele tentaria encontrar um veículo. Havia carros e ônibus se movendo pela cidade, então presumimos que algumas estradas estavam abertas em algum lugar. O italiano disse que conhecia pessoas na capital que poderiam ajudar, se ainda estivessem lá e se Colombo ainda estivesse operando. Parecia o lugar mais lógico para ir. Até onde ele sabia, Weligama estava abandonada e não havia sinais de que ajuda estivesse a caminho. Então concordamos com o plano de ação.

Os adultos conseguiram juntar suprimentos. Tínhamos alguns cobertores, uma tocha, um pouco de água e um pouco de comida na forma de biscoitos de água e sal. Saímos da cidade em direção ao interior, em uma estrada intacta, e continuamos a caminhar por mais uma hora e meia. Estava completamente escuro, penoso e dolorido. Alguns carros passaram por nós.

Nosso destino era uma casa parcialmente construída em um terreno. O segundo andar era uma plataforma aberta, exposta ao céu noturno e acessível por uma escada. Ficava bem longe do chão. Havia veículos de construção estacionados ao lado do terreno.

Um por um, subimos até lá. A senhora com a perna quebrada lutou para conseguir, mas os homens a ajudaram. Não havia muita conversa. Todos ainda estavam em choque, derrotados física e emocionalmente. Alguém acendeu uma fogueira e ferveu um pouco de água, à qual foi acrescentado açúcar. Aceitei agradecido uma xícara e comi um biscoito de água e sal. Alguém também tinha uma garrafa de uísque, que foi passando de mão em mão. Ofereceram-me, mas recusei.

Paul, Rosie e Mattie se embrulharam em cobertores e as pessoas começaram a ficar em silêncio conforme a exaustão ia tomando conta. Mas eu não conseguia dormir. Minha mente continuava agitada. Desci de lá e me sentei na varanda da frente da construção, observando tudo ao meu redor.

Queria fazer um plano de fuga caso as águas viessem outra vez. Tentei analisar quão firme era a estrutura e se ela aguentaria outro ataque. Onde era o melhor ponto para manter a vigília? Havia uma retroescavadeira ali perto. Seria melhor subir nela? Para onde eu poderia correr se a água viesse de novo? Quanto tempo eu demoraria para colocar os outros a salvo? Fiquei acordado a noite toda, observando a estrada pela qual caminháramos e as árvores dos dois lados, ouvidos ligados nos trovões ao longe. Não queria dormir, porque, da última vez que tinha dormido, acordei em meio à onda.

Sentei, observei e escutei durante toda a noite, até o céu começar a brilhar e os outros começarem a acordar.

Depois de mais água quente, açúcar e biscoitos, vários homens voltaram para a cidade para tentar encontrar um veículo. O resto de nós, agora com luz para enxergar, começou a procurar o que poderíamos recolher naquele terreno. Encontramos alguns vasilhames e tubos e começamos a pegar gasolina dos outros veículos. Se não pudéssemos usá-la, poderíamos aproveitá-la como moeda de troca.

Enquanto esperávamos, mais alguns veículos passaram. Nenhum parecia pertencer a serviços de resgate. Eles eram dirigidos por indivíduos sortudos o bastante para ter um meio de transporte.

Após algumas horas, os adultos que tinham ido à cidade voltaram numa pequena van. Nem perguntei como eles a conseguiram; imaginei que o dono do hotel conhecesse alguém que lhe havia emprestado. Não tinha bancos na parte de trás e era muito apertada, mas nos ajeitamos no chão, embrulhamos os mantimentos que tínhamos e partimos em nossa jornada.

Uma culpa constante me perturbava. Estava preocupado em deixar mamãe para trás. Talvez ela precisasse de mim. Mas Mattie e Rosie precisavam ficar a salvo, e eu sabia que era o que mamãe iria querer. Pensei comigo mesmo que, se eu pudesse salvar os caçulas, Paul e eu poderíamos voltar e continuar a procurar.

A jornada foi difícil desde o início. O veículo era velho e bambo, e a estrada principal até o litoral havia sido destruída. Normalmente teria demorado algumas horas, mas agora tínhamos que encontrar diferentes rotas ao norte. Dirigimos por estradas de terra. Toda vez que chegávamos perto do litoral, precisávamos desviar ao nos aproximar da linha de destruição que a onda tinha deixado. A jornada nos levou mais para o interior.

A van era quente e barulhenta. Cada buraco fazia com que a mulher da perna quebrada gemesse de dor. Depois de várias horas, paramos num vilarejo onde pedimos indicações. Disseram-nos que precisaríamos ir mais ainda para o lado oposto da área costeira, pois tudo havia sido dizimado. Tentamos barganhar e implorar por comida. Várias vezes chegávamos a lugares sem saída e tínhamos que voltar, refazendo nossa rota até a interseção mais próxima e tentando uma estrada diferente. Tudo na base de tentativa e erro, o que atrasava o trajeto. Ocasionalmente, passávamos por outros veículos.

Também havia caos no interior. Paramos numa loja quando começou a anoitecer, mas ninguém tinha dinheiro. Tentamos explicar ao homem que não podíamos pagar e pedimos sua boa vontade, mas não conseguimos nada. Como não tinham certeza sobre quanto tempo demoraria até que a ajuda chegasse, as pessoas estavam guardando tudo o que tinham.

A tarde foi caindo e ficava cada vez mais claro que não estávamos nem perto do nosso destino. Dirigimos por uma paisagem assombrada, cheia de pessoas assustadas. Paramos em uma cidade para descansar. Estávamos todos exaustos e eu me preocupava mais e mais. Nossa situação era péssima. Mal tínhamos comido ou bebido qualquer coisa. Eu não tinha dormido. O corte no braço de Rosie estava começando a avermelhar mais, dando sinais de infecção. Encontramos algumas folhas, que limpamos com água, e gentilmente as aplicamos em volta da ferida, amarrando-as com uma corda.

Estávamos doentes e frágeis. Constantemente tínhamos que levantar o ânimo de Mattie e Rosie para tentar mantê-los positivos. Em um dado momento, mais tarde naquela noite, Mattie começou a reclamar de sua asma. Havíamos ficado fechados na pequena van o dia todo, que era quente e empoeirada.

Nem podia começar a pensar no que poderia acontecer se Mattie sofresse um ataque grave, então deixei os outros e fui até a parte central da cidade para tentar achar uma farmácia ou um médico. Perguntei a várias pessoas, procurando me fazer entender. Indicaram-me um farmacêutico que falava um pouco de inglês. Fazia mímicas para o que ele não entendia, e ele bondosamente me entregou um frasco de comprimidos. Eu não fazia ideia para que eles serviam, e esperava que ele tivesse me entendido corretamente. Não podia me dar ao luxo de experimentá-los, então voltei correndo até Mattie. A noite tinha ficado fria e todos se reuniram para dividir o calor. Dei ao meu irmão caçula os comprimidos e, depois de um tempo, eles pareceram funcionar. Sua respiração ficou mais tranquila.

Na segunda noite, as pessoas começaram a dormir mais profundamente. Eu estava um caco. Meus nervos estavam em frangalhos, mas toda vez que eu fechava os olhos e começava a pegar no sono, via a água invadindo a porta do quarto no Neptune e acordava num susto. Fiquei feliz quando a manhã despontou.

Mais uma vez partimos, indo ao norte até nosso destino. Enfim as estradas começaram a ficar mais abertas. Apesar de a onda ter afetado todo o lado leste da ilha, o norte fora menos prejudicado que o sul, por isso as estradas estavam em melhores condições. Chegavam a estar agitadas. A cada instante aumentava o número de helicópteros sobrevoando e veículos militares passando a toda velocidade. A floresta deu lugar aos prédios. Depois de dois dias e duzentos quilômetros, chegamos a Colombo.

Parávamos de vez em quando para falar com as pessoas e ter uma ideia da situação. Contaram-nos que as embaixadas tinham criado locais de auxílio nos hotéis da cidade e que os estrangeiros estavam sendo aconselhados a contatar as equipes dos consulados. Ficamos preocupados quando soubemos que todos os hospitais e clínicas da cidade estavam sobrecarregados.

Vi bem o que isso significava e não queria levar Rosie a um ambiente como aquele em que estivera em Weligama. O proprietário do Neptune encontrou uma solução. Conhecia um médico na cidade que poderia ajudar e nos levou de carro até sua casa. Alguns outros do grupo também precisavam de ajuda.

O médico morava sozinho em uma parte tranquila da cidade. O italiano bateu em sua porta e, felizmente, ele atendeu e foi mais do que solícito. Falava inglês e nos convidou prontamente a entrar, a fim de poder olhar melhor para os meus ferimentos e os de Rosie.

– Isso precisa ser desinfetado – disse ele, em tom preocupado. – Vai acabar infeccionando.

Havia terra e areia em nossos cortes profundos.

O médico me puxou de lado e falou baixo, mas de forma veemente.

– Não tenho anestésicos – disse ele. – Você precisa ir primeiro e mostrar à sua irmãzinha que não vai doer, você me entende? Precisa mostrar a ela como é que é feito.

Entendi. Doeria, mas eu não podia demonstrar, caso contrário Rosie não deixaria que ele a tocasse. Também compreendia a competitividade entre os irmãos Forkan. Rosie veria minha coragem como um desafio e faria de tudo para me vencer.

Sentei-me na cadeira do médico e mostrei-lhe meu braço. Cuidadosa, mas firmemente, ele começou a limpar dentro do corte com um cotonete embebido em álcool. A dor aguda fez meus olhos lacrimejarem. Pisquei e travei os dentes. Então ele começou a esfregar o corte para tirar a areia de dentro. Doía além das palavras, mas eu sabia que não podia passar essa mensagem à minha irmã. Depois ele começou nos meus pés. Eu me sentia quente e tenso enquanto tentava manter a calma.

Em seguida, o médico me deu um tapinha nas costas.

Na vez de Rosie, a mãe alemã a incentivou e segurou sua mão. A sala ficou em silêncio quando o médico começou.

Os gritos de Rosie tomaram conta da casa toda. Ela estava sentindo tanta dor que se contorcia, mas bravamente deixou o homem limpar e desinfetar a ferida profunda. Mattie e Paul não aguentaram e começaram a chorar também. Diziam para o médico deixá-

-la em paz, mas sabiam que tinha que ser feito. Era traumatizante de assistir, e todos na sala ficaram visivelmente incomodados.

Depois que acabou, abraçamos Rosie e lhe falamos como ela havia sido corajosa.

O médico tinha um telefone celular e, depois de nos enfaixar, perguntei-lhe se eu poderia tentar usar o cartão SIM que tinha tirado do telefone do papai, que tinha armazenados todos os seus contatos.

O doutor me entregou o aparelho e tirei a parte de trás, encaixando o pequeno cartão plástico que eu havia guardado no bolso.

Rezei silenciosamente ao ligar o aparelho. Ele acendeu e, quando entrei na lista de contatos, os números do papai apareceram. Meu coração disparou e rolei direto para o número de Marie; apertei "discar" e respirei ofegante ao ouvir o telefone conectar e começar a tocar. Não tinha ideia de que horas eram na Inglaterra.

Marie atendeu.

– Sou eu – falei.

– Alô? Quem é? – Ela não reconheceu minha voz.

– Eu. Rob.

– Rob? – Ela parecia chocada e confusa. – Rob, onde você está? Onde estão os outros? Você está bem? O que aconteceu?

As perguntas vieram em avalanche.

– Estou com Paul, Mattie e Rosie. Estamos a salvo. Estamos em Colombo com algumas outras pessoas.

– Onde estão mamãe e papai?

– Não sei onde a mamãe está. Nós a perdemos no hotel. Marie, você precisa me ouvir. – Comecei a contar sobre o papai, mas ela não acreditou, então parei de falar.

– Sem chance, Rob – disse ela. – Eles estarão juntos. Quem quer que tenha dito isso deve ter se enganado.

Ela contou que vinha acompanhando o noticiário e me disse que eu precisava pegar os outros e voltar para casa. Eu disse que estávamos a caminho da embaixada para pedir ajuda, e ela reforçou que mantivesse os outros a salvo também.

– Pode deixar – prometi.

Tirei o cartão SIM do telefone e o coloquei de volta em meu bolso. Foi um alívio tremendo poder telefonar para casa. A ligação animou nossos espíritos. Só queríamos voltar para a Inglaterra.

Da casa do médico, fomos de carro até o hotel da cidade, que funcionava como ponto de encontro de estrangeiros. Era um daqueles grandes e internacionais, e fomos deixados ali com Tony e sua esposa. Despedimo-nos do grupo e caminhamos até a mesa do consulado britânico, que estava montada no vestíbulo. Havia alguns outros britânicos e, enquanto esperávamos para sermos vistos, Tony saiu andando e voltou dez minutos depois com lanches do McDonald's. Enfim seguros, ele usara os últimos dólares de emergência que tinha. Não tinha dinheiro suficiente para comprar uma refeição completa, mas nos entregou alguns hambúrgueres e refrigerantes.

– Você merece – disse ele.

Devoramos o pouco que havia, e um oficial percebeu nossa presença e veio falar conosco. Contamos a ele a história completa, que tínhamos perdido nossos pais mais ao sul da costa e viéramos até Colombo. Explicamos que havíamos perdido tudo; só o que tínhamos eram as roupas do corpo, o cartão SIM e o *traveller check*. Fomos levados às pressas para um lugar mais calmo do vestíbulo e nos chamaram para sentar. Não nos ocorreu que nossa situação fosse incomum; éramos quatro crianças desacompanhadas. Vimos tanto caos que não sabíamos mais o que era normal ou não. Mas a equipe do hotel ficou preocupada e imediatamente começou a fazer arranjos para cuidar do nosso caso.

Nunca mais vi Tony e sua esposa. Como tantos outros personagens desses dois dias, eles entraram em nossa vida e deixaram sua marca, mas desapareceram. Fomos conduzidos a um carro diplomático e nos levaram para a residência do embaixador, onde fomos recebidos por um jovem casal de uns trinta anos que trabalhava na embaixada. Foram designados para cuidar de nós e explicar o que iria acontecer.

Tanta coisa havia ocorrido e, naquele ponto, eu estava tão cansado que estava prestes a entrar em colapso. Até hoje não consigo me lembrar do nome do casal, mas me lembro de sua gentileza.

O homem nos disse que seríamos levados de volta à Inglaterra. O governo britânico iria fretar um avião que seria utilizado para levar os cidadãos britânicos para casa. Porém, teríamos que permanecer em Colombo por mais um dia para que certas coisas fossem arranjadas em nosso país. Estávamos sob a proteção do governo britânico e, até que encontrassem nossos pais, eles tinham o dever de garantir que fôssemos tratados de maneira adequada ao pisar em solo inglês.

O homem também explicou que, no dia seguinte, ele iria a Weligama para procurar nossos pais.

– Não quero que se preocupem, nós vamos dar um jeito – disse ele.

A casa imensa e confortável ficava em meio a jardins bem aparados e era um oásis de tranquilidade. Mostraram-nos o lugar e fizemos uma refeição decente. A moça saiu e voltou com uma porção de roupas novas. Nem todas serviam, mas era bom usar algo limpo e ser alimentado. Havia uma televisão na grande sala, mas o casal insistiu que víssemos desenhos animados, imagino que pelo fato de todos os outros canais estarem passando notícias do desastre. Deram-nos permissão para usar o telefone e ligamos para Marie de novo, contando-lhe o que estava acontecendo. Ela estava acertando os detalhes de nosso retorno com a equipe do consulado e com o Ministério das Relações Exteriores da Inglaterra. Não tínhamos casa para ir, então ela tomaria conta de nós enquanto as buscas por nossos pais continuassem. Até que houvesse uma confirmação oficial de que papai havia sido encontrado, ainda havia esperança de que todos nos reuníssemos. Também liguei para a minha tia Jenny, cunhada do papai. Não lembro se falei com meu tio; acho que ele estava muito desolado.

Naquela noite, ainda não consegui dormir, pois, apesar do conforto das acomodações, eu me sentia ansioso e, repetidamente, via-me analisando onde ficavam as saídas e onde estava o ponto mais elevado.

Na manhã seguinte, observei o homem carregar o carro de equipamentos e suprimentos. Ele iria com um jipe 4x4 até o litoral para procurar nossos pais. Paul e eu queríamos ir com ele. Sabíamos que Rosie e Mattie ficariam bem, mas naquele momento estávamos fracos demais para voltar. Estávamos cansados, exaustos e machucados. Depois que ele saiu, passamos mais tempo esperando na casa. Não nos aventuramos a sair de lá, e nos disseram que assim era melhor.

Finalmente, havia chegado a hora de voltar para a Inglaterra, mas, antes de partir, a mulher sentou-se conosco para conversar.

– O que aconteceu aqui foi um evento imenso. Há repórteres e jornalistas por todo lado cobrindo a notícia. Eles provavelmente vão querer falar com vocês. Não conversem com eles, não importa o que lhes digam ou ofereçam.

Fiquei surpreso. Não chegamos a pensar que éramos uma história ou que alguém estaria interessado em falar conosco. Só queríamos encontrar nossos pais e voltar para casa.

As palavras logo se mostraram proféticas. Quando caminhamos na direção do embarque no aeroporto, um jornalista americano correu até nós. Rapidamente ele se apresentou e disse que era do *LA Times*.

– Vocês quatro estão sozinhos? – perguntou, mas foi rapidamente afastado.

Fomos levados até o controle de passaportes pela equipe diplomática e embarcamos num instante. Não tínhamos pertences para passar pelo check-in. Usávamos roupas que mal nos cabiam, e nossa aparência era esgotada, aturdida e exausta. Parecíamos as crianças das favelas que vimos na Índia, miseráveis e frágeis. Rosie tinha dez anos, Mattie estava com doze, Paul tinha quinze e eu, dezessete. Entre nós, havíamos testemunhado uma vida inteira de terror. Fomos colocados nos quatro assentos centrais, na frente do BA 747, e nos deram cobertores. Havia algumas pessoas com ferimentos, membros enfaixados, cortes e hematomas. Muitos deviam ser turistas que escaparam da devastação, já que portavam bagagens de mão e estavam com roupas limpas e que lhes cabiam. Ficamos sentados em silêncio quando o avião decolou. Não estávamos próximos das janelas, portanto não pude ver a vista do litoral e a terrível cicatriz que a onda havia causado naquela terra.

Não me lembro muito do voo, mas quando aterrissamos senti um grande alívio. O sinal do cinto de segurança apagou e todos se levantaram para pegar suas bagagens de mão e sair do avião. A voz do piloto surgiu no alto-falante e disse para todos permanecerem sentados. Pairou um ar de confusão. As portas da frente do avião se abriram e uma moça com trajes oficiais, em um terno preto, entrou na cabine com dois policiais armados. Ela falou com uma das comissárias de bordo, que então se virou e apontou para nós. Ela aproximou-se e disse:

– Sou do Ministério das Relações Exteriores. Poderiam vir comigo, por favor? – disse ela, educadamente. Levantamo-nos e a seguimos, enquanto todos no avião nos observavam intrigados, imaginando quem nós éramos. Ela nos levou para fora, em direção à parte do aeroporto em que ficavam os VIPs.

– É por aqui que o David Beckham passa – disse um dos policiais.

A moça explicou que havia familiares esperando por nós, e fomos levados a uma das salas que havia sido esvaziada. Atravessamos as portas de vidro e fomos recebidos por Marie, Liam, Jo e nossa prima Lyn. Foi um reencontro bastante emotivo, mas eu pouco me lembro do momento. Eles correram até nós e nos abraçaram apertado. Todos choramos juntos.

– Estou tão feliz que estão bem – suspirou Marie, quando finalmente nos soltou.

Não sei quanto tempo ficamos ali e não me lembro de quais outras conversas tivemos. Há partes que foram bloqueadas de minha memória e outras que são extremamente vívidas. Uma confusão.

Depois de um tempo, seguimos até carros que nos levaram por meio de uma entrada lateral.

As notícias chegaram rápido. Não soubemos na época, mas nosso caso já havia sido relatado nos jornais. Havia repórteres no Sri Lanka que devem ter conversado com sobreviventes, que, por sua vez, contaram-lhes sobre as quatro crianças britânicas que haviam perdido seus pais. Em um esforço para nos proteger e lidarmos melhor com tudo o que havia acontecido, o diretor da Scotland Yard solicitou um bloqueio midiático e pediu que os jornais respeitassem nossa privacidade e nos deixassem em paz. Mas, embora não tivéssemos sido abordados, outros familiares e amigos já tinham sido contatados por repórteres. Esse foi o motivo pelo qual chegamos em segredo e fomos levados pelo aeroporto sem ver uma só pessoa.

De Gatwick, fomos levados para o Hospital Frimley Park, para exames e para que nossos ferimentos fossem adequadamente tratados.

O tempo todo eu podia sentir como estava exausto e fiquei letárgico. Minha cabeça caía a todo momento. Quando a enfermeira que estava dando os pontos no meu braço perguntou inadequadamente: "Onde vocês estiveram? Parece que tiveram uma noite agitada", nem registrei. Como começar a explicar pelo que havíamos passado na última semana?

Do hospital fomos levados para a casa de dois quartos de Marie. O serviço de proteção à família havia providenciado beliches, que foram entregues antes da nossa chegada. Havia um policial uniformizado de plantão na porta. Tudo era surreal. Não conseguia assimilar. Estávamos de volta à Inglaterra, a salvo, mas precisávamos de proteção policial. A culpa de ter deixado mamãe para trás não me deixava.

Fizemos uma refeição. Ninguém queria conversar sobre o que sabíamos a respeito do papai. Ninguém queria enfrentar a verdade, então apoiamos uns aos outros e dissemos que eles seriam encontrados juntos e que nossa situação era apenas temporária.

Com meus irmãos a salvo, eu psicologicamente transmiti a responsabilidade para minha irmã mais velha e me dei ao luxo de desligar a mente. Meu corpo parecia feito de concreto, pesado e denso. Naquele momento comecei a sentir todos os ferimentos e hematomas. Minha mente estava se entregando, tudo estava desligando. Fui até um dos quartos, onde rastejei até uma das camas e desmaiei. Fiquei lá por uma semana e apenas dormi, acordando de vez em quando para comer. Eu tinha feito meu trabalho.

Loucos por aventuras.

O começo da história da família.

Papai e mamãe com um bebê, provavelmente Mary.

Mattie à frente e, da esquerda para a direita:
Rosie, Marie, Paul, mamãe, Jo, Rob e papai.

Sempre explorando novas culturas...

... e permanentemente de mudança.

Sendo mandados para o primeiro dia de aulas na Índia.
("Mater Dei" significa Mãe de Deus)

Outra aventura de tuk tuk.

A gangue.

À esquerda, papai relaxando como nunca com uma cerveja Kingfisher. À direita, mamãe e Rosie – tal mãe, tal filha.

Jo e Mattie em um mercado de rua em Anjuna, Goa.

Sempre estávamos na água.

A praia de Weligama antes do tsunami. (© Jeremy Homer/Corbis)

A vila de Weligama na manhã do tsunami.
(© Antonin Kratochvil/VII/Corbis)

Um trem descarril próximo a Galle.
(© AP/ Press Association Images)

(© Raveendran/ AFP/ Getty Images)

Construções e vilas devastadas ao longo da costa de Galle até Matata, perto de Weligama.
(© Jimin Lai/AFP/Getty Images)

Rascunho original do nosso primeiro par de chinelos Gandy, feito de juta e com a exclusiva correia de corda.

Um dos modelos que produzimos em colaboração com a Acessorize...

... e parte das estampas foi desenvolvida com a prestigiada loja Liberty.

O time da Gandys.

Orphans for Orphans é o que nos faz levantar da cama todas as manhãs.

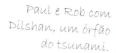

Paul e Rob com Dilshan, um órfão do tsunami.

Rob e Paul conhecem o Príncipe Harry no Palácio de Buckingham.
(cortesia de Rhian Ap Gruydd)

CAPÍTULO 11

Repercussões

Para todos nós, parecia surreal estar na Inglaterra. Nas semanas e meses subsequentes ao nosso retorno, ficamos num limbo. Não sabíamos por mais quanto tempo ficaríamos com Marie ou o que o futuro nos reservava. Até obtermos notícias oficiais, nos atínhamos à esperança de que papai e mamãe seriam encontrados vivos e retornariam. Ninguém falava sobre terem visto papai. Ninguém queria acreditar nisso, então continuamos como se estivessem vivos, perdidos em algum lugar naquele turbilhão de sofrimento humano do qual escapamos e que aparecia todas as noites no noticiário. No frio inverno britânico, aquilo parecia a um mundo de distância.

Pouco depois de voltarmos, Jo voltou ao Sri Lanka para procurar mamãe e papai. Ela reservou um voo com seu amigo, James, e os dois foram a Weligama, onde ela procuraria por pistas sobre seu paradeiro. Ficou lá por cerca de uma semana, mas, com o caos que ainda reinava, não achou nada.

Aquelas primeiras semanas passaram num piscar de olhos e ainda é difícil lembrar detalhes sobre elas. Lembro-me do cansaço e da paranoia. Lembro-me de constantemente tentar entender tudo o que sucedera. Fiquei incomodado por não ter voltado com nossos pais.

Levou tempo para nos recuperar da exaustão e dos ferimentos que havíamos sofrido. Rosie, Mattie e eu carregávamos cicatrizes onde as águas haviam deixado sua marca. As feridas sararam, mas o peso emocional persistia. Ficamos confinados dentro de casa por bastante tempo, aconselhados a não sair por causa do contínuo interesse da mídia em nossa história. Portanto ficamos lá dentro, procurando evitar os noticiários, já que nada do que vinha do Sudeste Asiático era bom. A contagem de mortos era imensa e os boletins jornalísticos estavam cheios de imagens do sofrimento.

Naquele ponto, não sabíamos o que aconteceria conosco. Achamos que nossos pais voltariam para casa e que encontrariam algum lugar para morarmos. Estávamos todos calados e fracos.

Fomos apresentados a um oficial do serviço de proteção à família, que nos visitava todos os dias. Ele era nossa ligação com o mundo externo. Estava lá para conversar com os oficiais do Sri Lanka e do Ministério do Exterior e para coordenar as coisas. Ele se sentava pacientemente conosco e conversava sobre os eventos no Sri Lanka para estabelecer um roteiro de onde estivemos e como voltamos. Transmitia a informação para os serviços de busca e organizações assistenciais no Sri Lanka na esperança de que aquilo pudesse ajudar a localizar nossos pais. Não falamos sobre nosso medo de que eles tivessem morrido; era muito doloroso. Apesar de o tsunami ter sido um evento em escala global, ele não era mencionado dentro de casa. Parentes vinham nos visitar. As pessoas ficavam sem jeito, pois ninguém sabia bem o que dizer. Qualquer comentário, independentemente da boa intenção, sempre soava superficial. Não era algo normal. Tínhamos sido atingidos por um desastre natural de proporções inimagináveis e perdêramos nossos pais. Não havia nada que pudesse ser dito para melhorar a situação, então as pessoas não tentavam. Além do mais, nossos tios e tias estavam tão arrasados quanto nós. Tinham perdido seu irmão e sua irmã.

Nós todos fomos afetados. Jo deve ter voado por sobre a onda em seu caminho de volta à Inglaterra. Se ela tivesse olhado pela janela na hora certa, poderia ter visto alguma mudança no oceano lá embaixo, já que ele cruzou o mundo com seu rastro destrutivo. Ela estava arrasada, assim como Marie, que ainda tinha que mostrar um rosto positivo para seus irmãos mais novos. Ela iria se casar, mas pôs sua vida em estado de espera, inclusive o emprego, até que uma solução fosse encontrada. Marie disse na mesma hora que moraríamos com ela até que nossos pais fossem encontrados. Não houve qualquer hesitação ou dúvida.

O policial designado para ficar em nossa porta da frente continuou ali. Aquilo nos deixava ainda mais paranoicos sobre o que estava acontecendo. Disseram-nos que, quando saíssemos, se falássemos com alguém, não deveríamos usar nossos nomes verdadeiros. Então inventamos sobrenomes na esperança de não sermos reconhecidos. Ficamos entre quatro paredes por semanas. Alguém saiu e encontrou um jogo de *Risk* para brincarmos. Estávamos no meio do inverno, então ficávamos dentro de casa assistindo à TV. Odiávamos aquilo. Gostávamos mesmo era de estar do lado de fora. Tínhamos toda aquela liberdade em nossas viagens e, de repente, ela foi tirada de nós.

Voltamos com nada e precisávamos de roupas, comida, móveis de quarto e todas as outras coisas que qualquer criança precisa. Era preciso tomar providências para que Rosie, Mattie e Paul voltassem à escola; eles precisavam de uniformes, canetas, lápis, livros escolares. Muitas coisas foram compradas. Eu me perguntava de onde vinha aquele dinheiro. Marie tinha um emprego bom como compradora de produtos farmacêuticos, mas subitamente ter que sustentar uma família grande era um imenso fardo com um salário mediano. Ela também teve que comprar móveis novos.

As condições de vida eram apertadas. Embora a casa de Marie, em Farnborough, Hampshire, tivesse um bom tamanho para ela e Liam, era pequena demais para seis. Também não tinha um jardim. Aos vinte e dois anos, ela de repente se viu responsável por duas crianças e dois adolescentes.

Até hoje somos muito gratos à ajuda que vinha de todos os lados, de todos que ficaram tocados por nossa situação. A família foi incrível, mesmo em estado de choque e temendo o pior. Juntos fizemos muitos amigos em New Forest no tempo que passamos ali. Tínhamos ido para a escola e para a faculdade da região e, mesmo sem ter morado lá permanentemente, jogamos críquete com o pessoal, e esse devia ser o local na Inglaterra em que possuíamos as ligações mais fortes, depois de estar longe de Purley por tantos anos. As pessoas contribuíam, deixavam comida e suprimentos, além de arrecadarem fundos. O Centro de Lazer New Milton, onde eu havia trabalhado, e o Clube de Críquete de New Milton, onde Paul e eu jogamos, organizaram eventos de arrecadação.

A escola secundária de Paul e a escola primária de Rosie e Mattie levantaram fundos e organizaram vendas de bolos e rifas. Nossos amigos também faziam coisas do tipo. Eu tinha um amigo numa banda que fez alguns shows com esse fim.

Outras ajudas vinham de lugares incomuns. O proprietário de uma grande agência de relações públicas enviava dinheiro a Marie, dizendo-lhe que não estava interessado em comprar sua história, o que era bem-vindo, porque ela não estava à venda. Ele disse que ouvira falar sobre o nosso drama e queria nos ajudar. No entanto, vários meses depois, sua intenção ficou clara quando pressionou Marie para vendê-la, e ela lhe falou para onde ele podia ir.

Começamos a ouvir que muitas pessoas que conhecíamos – todos os nossos amigos e familiares – estavam sendo abordadas por jornalistas que queriam informações e tentavam mandar mensagens para nós. Normalmente, eles nos ofereciam a oportunidade de "contar o nosso lado da história". Não tínhamos a ilusão de que o objetivo principal não fosse vender jornais. Eles usavam qualquer ligação conosco que pudessem encontrar: antigos amigos de escola, os velhos colegas de trabalho do papai e ex-vizinhos. Ninguém falou nada. Ninguém ultrapassou os limites. Isso acontecia diariamente, então nos disseram para reduzir nossos amigos. Todos diziam para ficarmos em silêncio. Foi uma época incrivelmente difícil e emotiva, e só queríamos que nos deixassem em paz com nossa privacidade.

Quando eu estava na faculdade, antes de ir para o Sri Lanka, conheci dois amigos queridos que ainda são bons companheiros, Kieron e Scott. Eles moravam em New Forest e estavam lá para me dar uma força, junto a seus pais, quando voltei. O melhor amigo de Paul, Skinny, também estava lá. Paul ficava com ele enquanto eu ficava com Kieron e Scott. Era um lugar para fugir de tudo. Depois do nosso retorno do Sri Lanka, esses caras não faziam muitas perguntas; eles sabiam ignorar aquilo, e eu me sentia normal ao lado deles.

Com o passar dos anos, muitos outros amigos tiveram um papel significativo para ajudar a reconstruir nossas vidas. Frequentemente eu sentia que os amigos eram uma companhia mais tranquila do que a da minha própria família, porque eles não foram diretamente afetados pelos eventos. A família dava um apoio incrível e fundamental, mas, quando nos reuníamos na casa, era difícil fugir das emoções avassaladoras que estávamos vivendo. Às vezes, só queríamos voltar a ser crianças outra vez.

Levou alguns meses até nos sentirmos confiantes o bastante para começarmos a sair sozinhos após nosso regresso. No começo, passeávamos com o oficial do serviço de proteção à família, que sabia como era ruim sermos mantidos em confinamento. Ele nos levava para o centro de lazer da região. Mas, por termos que ser mantidos isolados do grande público, ele convencia o diretor do centro a fechar as portas ao público por algumas horas para que nós quatro aproveitássemos as dependências. Era como ser uma espécie de celebridade. Tínhamos o lugar inteiro só para nós. Levavam-nos para lá uma vez por semana e podíamos fazer o que quiséssemos. Nadávamos e jogávamos *badminton* e basquete. Nossas identidades eram protegidas e tivemos, inclusive, que nos matricular no centro com nomes diferentes. Usávamos o sobrenome de Liam. Era como estar no programa de proteção à testemunha. Mesmo quando o policial da nossa porta, finalmente, foi retirado, havia outros policiais disfarçados que nos vigiavam.

Paul e eu saímos juntos pela primeira vez alguns meses depois de voltarmos. Fomos ao shopping WestQuay, em Southampton. Também foi a primeira vez que fomos a um lugar cheio de gente, e era perto do mar.

Não voltei para lá até muito tempo depois, pois percebi que não tinha sido uma boa ideia. Eu me sentia pressionado pela grande concentração de pessoas. Era muito barulhento e agitado. Eu podia sentir o mar por perto, mas não o via, e aquilo me deixava nervoso. Sentia o mundo se fechando. Meu coração disparava e eu começava a suar. Comecei a ver e sentir coisas que não estavam lá. Ouvia o estrondo do mar na minha cabeça. O barulho dos fregueses transformava-se no barulho da água. Eu me via de volta ao Sri Lanka, lutando pela minha vida. Começava a ofegar e precisava de um grande esforço mental para chegar até a porta e sair ao ar livre.

Paul também achava muito difícil ficar em espaços fechados. Eu sempre procurava por lugares elevados e saídas de emergência aonde quer que fosse. Ainda o faço, até certo ponto, mas naquela época isso era uma preocupação. Eu entrava em pânico se me encontrasse em um lugar em que não houvesse uma saída rápida. Sentia-me mais feliz e seguro em lugares abertos e altos.

Algum tempo depois, saímos com amigos que sugeriram irmos ao cinema. Fiquei apreensivo com a perspectiva de entrar num lugar escuro e fechado. Queria sentar perto das saídas. Meus amigos não tinham ideia do quanto eu havia sido afetado e não pensaram muito na escolha do filme.

– O que vamos ver? – perguntei.

– Chama-se *Vozes do Além*, é um *thriller*. As críticas são boas – disseram eles.

Eu não tinha ouvido falar. Quando as luzes apagaram no cinema, senti minha pulsação acelerar e tentei respirar lentamente para bloquear a ansiedade. Quando a sessão começou, ficou claro que era um filme de terror sobre pessoas mortas que se comunicavam com os vivos. Era o primeiro filme que eu estava vendo desde o tsunami, e não demorou muito para que meus amigos percebessem como a escolha tinha sido ruim. Eles ficaram ali parados, olhando-me, na esperança de que eu não tivesse um ataque de nervos.

A carga emocional do que eu havia vivido começou a se manifestar em meus sonhos. Era uma luta para dormir. Na maioria das noites, quando eu começava a pegar no sono, minha mente me levava de volta ao caos e ao horror do Sri Lanka. Uma cena em especial se repetia em minha cabeça. Eu me via no estacionamento do hospital nos arredores de Weligama, caminhando por entre os corpos cobertos. Ouvia as pessoas chorando e sentia o pânico e o perigo iminente. Então eu o encontrava: o garoto com o grito congelado, olhando para mim do chão, um olhar de terror em seu rosto pálido e sem vida.

Eu continuava a ter flashbacks quando acordava. Em outra ocasião estava com amigos em Bournemouth, em um restaurante perto do mar, quando minha mente começou a voltar para o Sri Lanka. Começou quando eu entrei e passei a fazer planos de fuga. Procurei as saídas e as escadas para subir ao máximo. Analisei quão rapidamente eu conseguiria correr para outro prédio, ainda mais alto, e subir as escadas até o telhado. Constantemente pensava em como fugir. Olhei para o mar e percebi como ele era poderoso. Via as ondas no horizonte e, de repente, estava de volta ao Sri Lanka, com medo e lutando para sobreviver.

Por fim fomos a uma terapeuta. Era uma moça sul-africana chamada Joanne, renomada mundialmente em traumas infantis relacionados a desastres naturais. Individualmente, nós a visitávamos com frequência. Não conversávamos sobre nossos medos ou gatilhos uns com os outros. Joanne tentava nos ajudar a bloquear e lidar com algumas das coisas terríveis que víramos. Fazia-nos contextualizar essas coisas para compreendê-las. Em várias sessões, ela me hipnotizou e, certa vez, cheguei a sair da sessão sem saber quem eu era. A terapeuta teve que ligar para que minhas irmãs viessem me buscar, pois eu estava muito desorientado. Eram sessões intensas, e eu era muito jovem, não conseguia entendê-las muito bem. Aprendi mais tarde que ela provavelmente usava uma técnica chamada dessensibilização e reprocessamento por movimentos oculares (EMDR, na sigla em inglês), que ajuda pessoas que sofrem de distúrbios de estresse pós-traumático. O tratamento envolve o controle dos movimentos oculares enquanto se revivem os eventos traumáticos. Aparentemente, pessoas que sofrem desse tipo de distúrbio têm problemas em organizar e armazenar memórias dos eventos que viveram. O cérebro mistura as memórias e, frequentemente, aplica-as na vida cotidiana na forma de flashbacks. A EMDR tem o objetivo de ajudá-las a armazenar memórias difíceis no lugar certo de suas mentes, para que elas não se intrometam na realidade.

Semanas tornaram-se meses, e era difícil fazer planos. Ouvíamos poucas notícias sobre as buscas no Sri Lanka. A tarefa de encontrar e identificar pessoas na área do tsunami era complicada. Procurávamos nos manter o mais positivos possível. Continuávamos a contar a Mattie e Rosie que a mamãe e o papai voltariam para casa, que só estavam um pouco perdidos.

Era frustrante. Estávamos num limbo. Não sabíamos o que o futuro nos reservava e estávamos todos confinados sob o mesmo teto. Cada vez mais íamos para a casa de amigos, e também começamos a passar fins de semana na casa móvel em New Forest. Precisávamos pensar em planos para o futuro, educação para Paul, Mattie e Rosie e trabalho para mim, mas era difícil quando não sabíamos o que faríamos ou aonde iríamos quando nossos pais voltassem. Coloquei todas as memórias das palavras do garçom sobre o papai no fundo da minha mente. Ninguém parecia estar pronto para encarar a fatídica realidade.

Só perdi a cabeça realmente uma vez naqueles meses. Eu estava tentando tirar dinheiro no banco. Estava sem RG; tudo havia sido perdido. Não tinha cartão ou passaporte. Tentei explicar à caixa que eu tinha perdido tudo. Eu tinha um documento, não me lembro bem qual, talvez uma certidão de nascimento ou uma carta endereçada a mim, mas isso não estava de acordo com as normas. Havia uma fila de pessoas impacientes atrás de mim.

– Sinto muito, mas teremos que olhar seu talão de cheques ou passaporte antes de realizar um saque – insistiu a funcionária.

Fui extremamente educado, explicando por que eu estava sem meu RG, e tentei apelar para sua emoção.

– Por favor – implorei. – Eu tenho um documento, você está vendo que sou quem eu sou. Não tenho outra maneira de pegar dinheiro. Eu perdi tudo.

Ela insistiu.

– Não podemos liberar fundos sem a documentação correta.

Então perdi a paciência e a compostura.

– Olhe – respirei fundo –, eu fui atingido pelo tsunami no Sri Lanka. Você deve ter ouvido falar no noticiário! Acabei de voltar de lá, perdi tudo. Perdi meus pais também.

A moça ficou sem reação e tentou me acalmar.

– Sinto muito, senhor. Eu não tinha ideia…

Ela chamou o gerente e fui levado para uma sala sossegada, onde foram feitos os arranjos necessários.

Era uma sensação muito desconfortável contar aos outros sobre minhas circunstâncias. Eu tinha sido aconselhado a manter a discrição quando voltamos à Inglaterra e, com o passar dos anos, aquilo permaneceu. Não era algo que eu dividia com estranhos e, conforme o tempo foi passando, muitas pessoas que conhecia não tinham ideia do meu passado. Eu não queria fazer papel de vítima e não queria ser tratado de maneira diferente por causa de minhas circunstâncias.

Quando ficava difícil na casa de Marie, eu me isolava e fugia de tudo. Cada um de nós tinha um jeito de lidar com isso. Os caçulas eram os que mais sofriam. Eles ficavam muito chateados, e levá-los para passear era dificílimo. Marie lidou muito bem. Todos nós demonstrávamos nossa angústia de diferentes maneiras. Paul e eu tínhamos um ímpeto maior de ir e fazer coisas; jogávamos críquete e futebol. Procurávamos preencher nossos dias com atividades, porque, quando não estávamos fazendo nada, a sensação era pior.

Enquanto as semanas se arrastavam, comecei a ter um senso crescente de que alguém, em algum lugar, estava nos ajudando. Marie não estava trabalhando e, ainda assim, nossas necessidades estavam sendo atendidas. Nossos quartos eram mobiliados, tínhamos roupas, comida e dinheiro para sair. O pouco que eu sabia de finanças já era suficiente para saber que Marie teria que se matar de trabalhar para sustentar nós todos. Ela mencionou por cima que havia pessoas ajudando. Fazia questão de que soubéssemos que pessoas estavam sendo boas conosco e que deveríamos ser gratos, o que de fato éramos. Ela confirmava que nossos amigos de New Forest estavam sendo caridosos e que pessoas que nos conheciam da época de Croydon, onde eu cresci, também estavam colaborando, mas eu tinha uma sensação de que algo mais estava acontecendo.

Ela dava dicas.

– As pessoas são realmente maravilhosas; somos muito sortudos, sabia?

Eu sabia que as roupas e os móveis tinham que vir de algum lugar. Tempos depois, ela também fez uma reforma para aumentar a casa, e sabíamos que o dinheiro para aquilo vinha de algum lugar também, mas eu não descobri de onde até muitos anos mais tarde.

CAPÍTULO 12

Nossos piores medos se concretizaram

Não tínhamos contato direto com ninguém no Sri Lanka. Qualquer comunicação entre os governos do Reino Unido e do Sri Lanka era tratada com nosso oficial do serviço de proteção à família. Todos procurávamos viver nossa vida da melhor forma possível enquanto aguardávamos notícias. Quanto mais demorava, pior ficava. Ninguém queria encarar o fato de que talvez nossos pais não voltassem para casa. Nenhuma notícia significava boas notícias.

Em determinado momento, cerca de um mês depois de voltarmos, houve uma sombra de esperança. Com hesitação, alguém nos disse que havia relatos de que alguém da ilha podia ter encontrado uma pessoa que se parecia com as descrições da mamãe. Não havia mais detalhes; não sabíamos se a pessoa a que estavam se referindo estava viva ou morta. Esperamos ansiosamente por mais notícias, mas não surgiu mais nada. A pista se desvaneceu.

Era difícil se concentrar em qualquer coisa; estávamos perdidos em nossos mundos, esperando notícias, esperando que nossos pais voltassem. As mortes confirmadas crescentes tornaram-se uma preocupação global. Os números eram simplesmente assombrosos e incrivelmente desanimadores.

Então, três meses após nosso retorno, Marie nos reuniu uma tarde. Os detalhes completos do que aconteceu ficaram perdidos em minha mente. Como boa parte dos eventos daquele tempo, só me lembro de detalhes superficiais. Era como se fosse um borrão. Há bloqueios mentais. É algo que eu nunca quero recordar.

Nossa irmã mais velha explicou que mamãe e papai tinham sido encontrados. Eles estavam mortos. Foi confirmado que o corpo na fábrica de gelo ao lado do Neptune era de papai, e mamãe fora encontrada perto dali. Ainda não sei por que demorou tanto para ser confirmado. Só posso imaginar que a infraestrutura da ilha tinha entrado em colapso diante da magnitude da tarefa de identificar tantos corpos. Pela minha própria experiência na busca por nossos pais, eu sabia que os serviços administrativos estavam totalmente sobrecarregados.

Lembro-me de todos chorando. Ficamos devastados, tentando abraçar uns aos outros. O choro não parava nunca. Os mais novos estavam inconsoláveis. Mesmo com cada um carregando um medo não dito de que as más notícias estivessem a caminho, a pancada da realidade não foi menos impactante. Parecia que meu coração tinha sido arrancado do peito.

Minha dor vinha misturada com muita culpa. Eu achava que deveria ter ficado lá procurando por eles. Não deveria ter ido a Colombo. Deveria ter continuado as buscas. Era assombrado pela crença de que mamãe poderia ter ficado presa e ferida em algum lugar e precisava de minha ajuda. Sentia como se a tivesse decepcionado e abandonado.

Esses sentimentos ficaram mais aparentes nos meses seguintes à confirmação da morte deles, e a terapeuta me disse que não havia nada que eu pudesse ter feito para mudar os fatos. Joanne procurava me fazer aceitar que eu tinha feito tudo o que podia, mas aquela dúvida continuava, e continua até hoje. Ainda me questiono se não podia ter feito mais.

Não havia detalhes sobre o que acontecera com mamãe. Tudo o que sabemos é que ela e papai lutaram para tirar Mattie e Rosie do quarto, e então foram levados. Papai foi jogado contra a fábrica, mas não sei se mamãe estava ferida em algum lugar e precisava de ajuda, ou se ela havia caminhado para nos encontrar. Às vezes, quero saber, outras vezes sinto que é melhor ignorar os detalhes.

Esforço-me bastante para não pensar nas semanas após descobrirmos que nos tornáramos órfãos. Todos ficamos de luto. A dor da perda era indescritível. Sentíamo-nos completamente vazios, mas tentávamos cuidar uns dos outros. Se um de nós estivesse mais deprimido, os outros ficavam por perto. Procurávamos sempre proteger os mais novos da melhor forma. Como em todos, o luto para eles veio em estágios. Num minuto estavam bem, brincando ou assistindo à TV; no outro, alguma coisa despertava uma memória e eles ficavam destruídos. Era muito difícil lidar com o fato de que não veríamos mais nossos pais. Eles tiveram um papel tão importante em nossa vida; nos moldaram do jeito que éramos.

O único conforto que tínhamos era saber que morreram juntos. Eles eram uma unidade, uma equipe sólida, e estiveram juntos por tanto tempo que era difícil imaginar um sem o outro. Pensavam da mesma maneira e compartilhavam dos mesmos valores. Juntos eram imbatíveis; um ficaria completamente perdido sem o outro. Eles estavam juntos, e nós estávamos juntos.

Sua influência nos deu força para seguir em frente, e acreditávamos que eles estavam cuidando de nós e nos guiando em algum lugar, embora nunca tenhamos sido uma família particularmente religiosa. Não frequentávamos a igreja regularmente. Fomos batizados e nos fizeram ir à escola dominical por pouco tempo quando éramos mais novos. Minha irmã também fez a primeira comunhão. Tínhamos interesse pela religião, mas não a praticávamos. Mamãe era bastante espiritual, e tanto ela quanto papai tinham a cabeça aberta para todas as crenças; essa foi uma das razões pelas quais eles gostaram tanto da Índia.

Ambos foram trazidos do Sri Lanka e um funeral foi organizado. Já tinham saído algumas matérias nos jornais quando vazou a notícia de que eles estavam desaparecidos, algumas dando nossos nomes e idades e dizendo que acreditavam que ficáramos órfãos. Quando sua morte foi confirmada, o interesse na história se renovou. A polícia ficou preocupada que o funeral, que seria realizado na pequena cidade de Blackwater, em Hampshire, próximo da casa de Marie, atraísse muita atenção da mídia. Fomos levados até lá em carros policiais à paisana, com janelas escurecidas. Foi, é claro, um dia difícil para todos nós. Todos os nossos parentes estavam lá e todos estavam tristes como nós, mas preferimos fazer uma celebração de suas vidas, em vez de um velório para suas mortes. Sabíamos que era o que eles iriam querer. Os dois eram tão cheios de vida que não desejariam ninguém chateado com sua partida. Lembro-me do dia em pedaços. Não era para ninguém ir de roupa preta. Havia uma multidão. No fim, soubemos que cerca de quinhentas pessoas apareceram.

Houve risadas, assim como lágrimas. Uma das músicas tocadas foi "Always Look on the Bright Side of Life", "Sempre veja o lado bom da vida", do Monty Python. Foi difícil não sorrir quando ela começou. Era uma das músicas prediletas do papai e, de uma maneira cômica, parecia resumir sua atitude perante a vida e a atitude que ele iria querer em seu funeral. Ele gostaria de saber que as pessoas estavam rindo.

Havia tanta gente que eu não consegui ver todos. Em parte, acho, porque minha mente bloqueou muita coisa. Após meses, algumas pessoas conversaram comigo e me disseram que estavam lá, mas eu não me lembrava.

Marie fez uma leitura. Ela leu o famoso poema "Pegadas na Areia". O texto trata de alguém descrevendo sua vida como uma jornada retratada pelas pegadas em uma praia, e é bastante comovente.

Fiz um tributo em nome de todos nós. Agradeci nossos pais pela nossa criação e por ter ampliado nossos horizontes ao nos levar para viajar. Agradeci as oportunidades que nos deram.

– Eles sempre estarão alguns passos atrás, tomando conta de nós e se certificando de que sempre faremos a coisa certa – concluí.

Tratei de fazer o discurso sem me emocionar e, quando cheguei em casa, dobrei-o e guardei. Só olhei para ele uma ou duas vezes nos últimos dez anos. Estava no meu próprio espaço naquele dia. Tinha amigos para me dar apoio e também pessoas que eu não via há anos, portanto, foi um dia agitado. Passou como uma névoa e, desde então, eu, deliberadamente, apaguei-o da memória. Mais tarde, depois da cremação de nossos pais, fiquei bêbado. Era a única maneira de suportar o resto do dia. Eu só queria esquecer a parte do que tinha acontecido conosco e me lembrar de como mamãe e papai eram maravilhosos, como eram positivos. Todos queríamos isso; nunca tivemos muito tempo para negatividades. Por isso, tínhamos que agradecer aos nossos pais.

Alguns dias depois do velório, quando ainda estávamos nos recuperando dos eventos dos meses anteriores, foi o aniversário de dez anos de Rosie. Tentamos ao máximo dar a ela um dia divertido, mas ninguém estava no clima de comemoração. Seu aniversário também coincidiu com o Dia das Mães e o de Saint Patrick, que sempre celebrávamos por causa das raízes irlandesas do papai. Normalmente, seria um momento de celebração e alegria. Em vez disso, aqueles dias especiais só enfatizavam o buraco que eles deixaram em nossa vida. Anos se passaram e ainda tendemos a evitar certas épocas do ano. Em vez de celebrar, só tocamos o dia como outro normal. Muitos momentos felizes do calendário foram obliterados pelo que aconteceu. Pela mesma razão, também não comemoramos muito o Natal.

O funeral nos possibilitou pôr um ponto final na ferida e a oportunidade de seguir adiante. Enquanto ainda havia uma chance de nossos pais estarem vivos em algum lugar, nossa estada na casa de Marie era temporária. Após a confirmação de suas mortes, tornou-se permanente. Marie e Liam nunca hesitaram em nos oferecer um lar. Eles me consultaram e se sentaram para conversar com os mais novos, perguntando-nos para onde queríamos ir.

— Há outro lugar ou outra pessoa com quem queiram morar? Vocês estão felizes conosco como seus tutores?

Nós todos concordamos.

— Vou procurar me informar sobre adoção — continuou ela. — Faz sentido me tornar a tutora legal de vocês.

Eu era a exceção. Estava prestes a completar dezoito anos, então, quando a papelada saísse, não teria a menor validade.

Infelizmente, no entanto, não era tão simples assim para os outros. Como se o estresse de perder os pais já não fosse bastante, foram feitas perguntas sobre a capacidade de Marie como mãe adotiva. O serviço social, que parecia ter um interesse crescente em nós, achou que Marie era muito jovem para tomar conta de crianças de dez, doze e quinze anos, mesmo tendo assumido o controle de tudo desde o instante em que pisamos lá e sido perfeita lidando com as dificuldades dos meses subsequentes. Eles também questionaram a capacidade da casa.

Os assistentes sociais apareciam em casa toda hora para avaliá-la e verificar nosso progresso. Ela sempre conversava comigo sobre isso. Eu sabia que o melhor para todos nós era continuar juntos e não podia suportar a ideia de sermos divididos. Os assistentes sociais não tinham a menor ideia de como nós éramos fortes, independentes e resilientes. Ninguém sabia ao certo além de nós. Mesmo nossos parentes mais velhos questionavam se Marie e Liam, que era um pouco mais velho, saberiam lidar com a situação. Vimo-nos tendo que informar aos assistentes sociais aonde íamos e o que fazíamos. Não foi fácil. Marie sentia que havia muita gente querendo se meter em nossa família. Ela já estava sob pressão o bastante sem esse estresse extra. Havia tantas outras coisas na minha cabeça que eu não percebi quanto Marie estava tendo que aguentar. Deve ter sido terrível para ela.

No fim, aconteceram muitas outras coisas que, finalmente, permitiram que ela adotasse as outras crianças. Primeiro, ela contratou um advogado que lutou para nos manter juntos. Depois, fez um projeto e pegou um empréstimo para aumentar a casa, para assim poder criar mais um quarto para mim e Paul. Naquele ponto, Marie teve que sacrificar sua carreira e seu trabalho em tempo integral para se tornar a cuidadora de Mattie e Rosie, o que significava a perda de muito dinheiro necessário. Nem Liam nem Marie mencionavam abertamente, mas novamente fizeram uma alusão ao fato de que estavam recebendo ajuda, e era óbvio que o dinheiro estava vindo de algum lugar para pagar os advogados e construtores. Era como se alguém estivesse tomando conta de nós todos.

Quando tudo foi concluído, era verão de 2005. Depois do velório, morei na casa de Marie por mais ou menos um mês, mas logo percebi como ficaria apertado. Eu precisava do meu próprio espaço, e também tinha que começar a pensar em trabalhar para viver. Aos dezessete anos, não tive problemas em me mudar e tocar a vida. Nós ainda tínhamos a casa móvel de New Forest, então voltei para lá e peguei meu emprego como salva-vidas de volta. Fiquei ali durante o verão, procurando preencher meus dias com atividades para manter a mente ocupada. Eu era completamente autossuficiente e independente, e gostava disso. Sabia cozinhar, mas acabava pegando alguma comida "fácil de fazer". Tornou-se uma piada recorrente que eu vivia de cereal matinal. Não tinha planos para carreira. Tinha planejado trabalhar com o papai no site, mas não tinha forças para ressuscitar essa ideia. Em vez disso, eu trabalhava todas as horas que podia. Na maioria dos dias, fazia turnos duplos e substituía colegas que saíam de férias. Como era verão, era um bom tempo para arranjar trabalho extra.

Em muitas ocasiões, tudo aquilo pesava demais. Eu me esforçava ao máximo para me distrair. Se não estivesse trabalhando, saía e fazia qualquer outra coisa; jogava golfe, críquete e futebol. Saía de vez em quando para a balada com os amigos de Bournemouth e do litoral. Havia momentos em que eu só queria me soltar e me esquecer do que estava acontecendo.

Marie ficava de olho em mim e, em uma semana, quando acabei fazendo noventa horas de trabalho, ela conversou com o pessoal do centro para que não me deixassem trabalhar tanto. Ela era um irmã protetora e tanto.

Meus outros irmãos estavam matriculados em novas escolas, mas isso levou algum tempo. Paul odiava. Fazia muito tempo desde que frequentara escolas e ele era muito mais maduro que a sua idade, então não via motivo para continuar indo.

Alguns meses depois do funeral, enquanto ainda estávamos de luto, começando a encontrar um sentido em viver sem nossos pais, a família foi atingida por outra pancada. A mãe do papai, Mary, nossa avó, morreu. Ela tinha ficado fragilizada desde o desaparecimento dele e ficou devastada por perder o filho. Não havia dúvidas de que o choque e a dor a mataram. Mais uma vez, organizamos o funeral. A vovó foi importantíssima em nossa vida e em nosso crescimento, e sentimos muito sua falta. O tsunami tinha levado outro membro de nossa família.

Havia momentos, durante esses meses, em que nos perguntávamos se algum dia iríamos aproveitar a vida de novo. As semanas após o funeral de nossos pais foram especialmente sombrias. Só uma coisa brilhava: esperança. Nunca duvidei que a vida ficaria melhor e, independentemente de como eu me sentisse, sempre soube que, no plano geral da vida, era uma pessoa sortuda. Tinha onde morar. Tinha um emprego e comida na mesa. Não estava morando em uma favela em Mumbai ou mendigando nas ruas de Déli. Vira muita coisa do mundo para saber que eu era privilegiado. Paul sentia-se da mesma forma. Graças aos nossos pais e à perspectiva que eles nos deram, fomos capazes de ter esperança e nos manter positivos.

Pequenos momentos de luz começaram a aparecer de novo. Não havia muitas risadas no início e, quando algum de nós ria, éramos tomados por um sentimento de culpa. É claro que era irracional. A última coisa que nossos pais iriam querer era que vivêssemos em sofrimento. Eles faziam de tudo ao seu alcance, quando ainda vivos, para tornar nossa vida feliz, despreocupada e completa.

Posso identificar alguns momentos em que as coisas começaram a dar uma guinada. No fim da temporada de futebol, na primavera de 2005, fomos convidados para assistir a um jogo do Queens Park Rangers. Papai era um grande fã do time, assim como Paul e eu. Um amigo da família conhecia alguém que trabalhava na equipe, em Londres, e conseguiram para nós ingressos no camarote e a chance de conhecer o treinador e alguns jogadores. Tivemos um tratamento VIP. Convidamos alguns amigos e familiares e, no começo, foi estranho. A ausência do papai era muito perceptível. Ele tinha que estar ali. Ele teria amado estar ali.

Estava um silêncio no camarote, enquanto esperávamos pelo início do jogo.

Então alguém fez um comentário que desencadeou uma risada geral.

– O pai de vocês torceu a vida toda por esse clube e nunca teve a chance de vir ao camarote. Ele deve estar se contorcendo!

Aquilo quebrou o gelo e, com o passar do dia, as pessoas relaxaram e as brincadeiras começaram. Era como estar nos velhos tempos outra vez.

Outras coisas começaram a acontecer. Em agosto, completei dezoito anos. Achei que seria uma coisa sem importância, talvez uma refeição com meus irmãos. Mas fui levado ao clube de críquete em New Milton e, quando entrei no salão, estava cheio de gente. Minhas irmãs e amigos organizaram uma festa surpresa. Foi uma noite ótima e outro exemplo de como a vida tinha começado a seguir em frente. Nós todos começamos a viver novamente.

Mais tarde naquele verão, fui para Creta, nas minhas primeiras férias como homem. Não era o tipo de viagem que eu costumava fazer, mas foi legal. Muita diversão e sossego.

O Natal veio e foi. O primeiro aniversário do tsunami foi difícil, mas o enfrentamos juntos.

Paul, Rosie e Mattie se adaptaram à vida com Marie. Ela era uma figura materna forte e capaz. Aceitavam tudo o que ela dizia. Ela postergou o casamento por um ano e começou a pensar novamente sobre o que iria fazer. Seu plano original era realizar um grande casamento na Inglaterra, com todos os familiares e amigos. Mamãe tinha feito o vestido de dama de honra de Rosie, que ficava pendurado em um guarda-roupa na casa de Marie. Papai iria acompanhá-la até o altar.

Mas esses planos não pareciam adequados depois de tudo que havia acontecido, então Marie os repensou. Ela queria uma festa pequena e decidiu se casar em Sorrento, na Itália, com quinze amigos próximos e a família.

Rosie ainda era a dama de honra e usou o vestido que mamãe fizera. Ela estava linda, assim como Marie. A cerimônia foi conduzida num altar a céu aberto, numa colina de frente para o mar. Todos sentimos que nossos pais estavam ali presentes. Paul e eu levamos nossa irmã até o altar. Foi um dia emotivo para todos, mas, ainda assim, incrível. Foi muito feliz e muito divertido, assim como a nossa família costumava ser. Todos rimos juntos. Depois da cerimônia, caminhamos pela rua principal de Sorrento até o restaurante onde tínhamos feito reservas para depois do casamento. Paramos o trânsito; tudo parou atrás de nós, e os motoristas começaram a buzinar e comemorar. Estava quente, ensolarado e lindo. Lembramos do papai e da mamãe e falamos sobre eles. Sabíamos que não estavam presentes, mas não estávamos sofrendo; lembramos deles de uma maneira feliz, o que nos fez sentir que a vida podia continuar sem eles. Sua ausência foi sentida, mas não havia sofrimento. Era uma celebração.

Nenhum de nós jamais se esquecerá deles, e em alguns dias é mais difícil. Às vezes, coisas acontecem e fazem lembrar o que perdemos. Cada um de nós lidou de forma diferente com a perda. Mattie e Jo lutavam de vez em quando. Rosie sempre foi uma lutadora, e Paul e eu fazíamos o melhor possível para nos mantermos positivos. Marie era a mais sensível e fazia as vezes da mamãe.

As pessoas sempre querem saber como lidamos com as consequências imediatas do tsunami e como conseguimos seguir em frente. Sempre achei que nossos pais estavam por perto. As habilidades e a maturidade que eles nos ensinaram nos deram um norte. Para mim, quando a onda nos atingiu, senti que todo o treinamento, habilidades e conhecimento transmitidos pelos dois durante os anos veio à tona. Era quase como se papai estivesse lá. Eu não precisava perguntar o que fazer; simplesmente sabia.

Nossos pais morreram, perdidos para o mar. Mas seus espíritos e as coisas que eles nos ensinaram permaneceram e nos ajudaram a lidar com a situação em que nos encontrávamos. Eles sempre nos encorajaram a ser aventureiros, autossuficientes, questionadores, empreendedores e positivos. Imbuído dessas qualidades, não demorou que eu começasse a querer viajar de novo. Esse ímpeto estava no meu sangue, assim como sempre esteve no do meu pai. Comecei a pensar sobre o que eu queria fazer da vida e, embora nunca tivesse pensado numa carreira, eu sabia que queria ganhar um dinheiro e ver os lugares que não tive a chance de conhecer com meus pais.

CAPÍTULO 13

Seguindo em frente

Trabalhar como salva-vidas jamais seria uma carreira de longo prazo. Era um bom serviço. Assoprava o apito, ficava sentado em uma cadeira alta e costumava rir bastante. Todos com quem eu trabalhava eram jovens e queriam se divertir. E todos praticavam esportes, então, depois do trabalho, nos reuníamos para jogar *squash* ou peteca. Era divertido, mas eu sabia que precisava procurar um trabalho com perspectivas e, ao fim do verão, vendemos a casa móvel e me mudei de volta para a casa de Marie.

Eu não sabia ao certo o que queria fazer, mas buscava alguma experiência em um escritório. Precisava arrumar uma carreira. Meu currículo tinha vários buracos. Eu tinha duas qualificações e viagens, mas escrevi um currículo manipulando um pouquinho a realidade, afirmando que tinha trabalhando com vendas e marketing na loja de roupas do meu pai. Coloquei minhas informações em um site chamado CV Library. Naquela época, os empresários ainda estavam descobrindo as possibilidades da internet, e esse site era uma base de dados na qual as empresas podiam buscar possíveis novos funcionários. Era uma boa ideia. Para buscar vagas, a maioria das pessoas ainda contava com agências de recrutamento ou jornais.

Alguns dias se passaram e finalmente recebi um telefonema.

— Meu nome é Lee — anunciou uma voz alegre. — Sou um dos fundadores do CV Library. Dei uma olhada no seu currículo e vi que você é jovem e ambicioso. Talvez tenhamos uma oportunidade.

Fiquei interessado em saber o que Lee tinha a oferecer.

— Poderia me passar alguns detalhes?

— Por que você não vem aqui para conversarmos?

Fui.

Marie me levou ao escritório, que ficava a poucos quilômetros de sua casa, em uma área chamada Church Crookham. Eles estavam instalados em um celeiro reformado e a vila ficava no meio do nada. Fui vestindo um terno. Quando entrei, Lee, que tinha pouco mais de vinte anos, apertou minha mão e me convidou para sentar.

— Belo terno — comentou.

Senti que ele não estava falando sério.

Havia outro rapaz ali, Brian. Ele explicou que cuidava do lado tecnológico da empresa, e Lee cuidava das vendas e do marketing.

Eles foram direto ao ponto.

— Estamos em busca de alguém jovem para trabalhar conosco. É uma empresa nova, com muito potencial. Queremos alguém para nos ajudar na área de vendas – explicou Lee. – Pelo que vimos, você mora aqui perto.

Gostei de Lee e de Brian desde o primeiro momento. Eu tinha visto meu pai pegar ideias e transformá-las em negócios, então senti um respeito muito grande pelo que aqueles dois caras estavam fazendo. Eles me contaram sua história.

Lee tinha trabalhado em algumas agências de recrutamento e teve a ideia de criar um site de vagas de trabalho. Muitas pessoas rejeitaram a ideia, acreditando que as pessoas sempre buscariam agências de recrutamento e anúncios em jornais, e a internet jamais seria suficientemente grande para mudar isso. Mas Lee percebeu que havia um potencial ali e perguntou a seus colegas se alguém conhecia um programador. Brian foi recomendado. Ele era engenheiro de telecomunicações, mas sempre nutriu um grande interesse pela internet. As telas em sua mesa de trabalho pareciam saídas dos filmes *Matrix*. Brian era capaz de *hackear* qualquer coisa e estava muito à frente de seu tempo em termos de tecnologia computacional.

Lee e Brian se conheceram em um pub ali perto e discutiram o conceito. Esboçaram as ideias na parte de trás de um porta-copo. Os dois eram jovens e começaram a trabalhar em seus quartos. Quando o site foi lançado, com o dinheiro gerado, eles finalmente se mudaram para o celeiro. A empresa de carpetes do pai de Lee ficava ao lado, e ele trabalhava com o pai enquanto criava a empresa. Era assim que conseguiria pagar o salário de um funcionário da área de vendas.

O primeiro cliente da empresa foi a BBC. A tarefa consistia em encontrar seis modelos loiras e seis morenas no banco de dados. Brian assumiu o pedido. O responsável da BBC perguntou:

– O seu banco de dados inclui detalhes sobre cor de cabelo?

Obviamente não incluía. Mas os rapazes disseram que sim e Brian telefonou para as pessoas inscritas no site para perguntar a cor de seus cabelos. Partindo dessas raízes humildes, a empresa cresceu e se tornou um dos maiores nomes do recrutamento na internet. Ela tem detalhes de milhões de pessoas em busca de oportunidades, e muitas das grandes companhias usam o serviço.

Pediram mais informações a meu respeito. Menti e falei que tinha experiência com vendas e serviços ao cliente. Falei que tinha trabalhado como salva-vidas e passado parte da vida viajando. Lee gostou do que ouviu, pois ele mesmo havia ido à Índia. Não comentei nada sobre o tsunami.

Inicialmente, eles vendiam anúncios no site para financiá-lo, mas estavam curiosos por saber o que aconteceria se trouxessem alguém para vender ativamente aos clientes. Esse era meu papel. Eles me ofereceram o trabalho ali, na hora. No começo, éramos apenas nós três, e eu me sentia animado por fazer parte do início de algo. Aceitei a oferta. O salário era de aproximadamente 12 mil libras por ano, com direito a comissões.

Comecei a trabalhar alguns dias depois, num primeiro momento vendendo anúncios a 49 libras. Não tinha treinamento em vendas. No meu primeiro dia, Lee trouxe uma cópia das Páginas Amarelas e colocou um telefone em minha mesa, dizendo-me para começar a vender. Eu não tinha um *script,* tive que agir de improviso. Primeiro, as empresas de recrutamento não entenderam nada. A ideia era nova, mas, quando expliquei o potencial da internet, começaram a compreender e a perceber que currículos impressos em algum momento se tornariam coisa do passado, já que o mundo cada vez se transformava em um ambiente mais conectado, e as pessoas usavam mais e mais seus e-mails e a comunicação pela internet.

A base de currículos foi crescendo. Mais pessoas foram contratadas. No começo, tudo era básico. Meu trabalho fluía bem. Em uma das primeiras semanas, pintei o escritório com Lee e Brian. Não tínhamos um sistema de contas eletrônico. Anotava para quem vendia e Lee fazia as faturas, ou recebíamos os pagamentos pelo telefone.

Houve vezes que consegui um contrato de 800 libras, e Lee e Brian comemoraram. Nós nos entregávamos à empolgação.

– Qual é, Rob?! Você só pode ser mais do que uma pessoa! – elogiava Lee.

E aí íamos ao pub para celebrar.

Ele me estimulava o máximo que conseguia; era durão, mas justo. Muitas pessoas entravam e saíam da empresa porque não suportavam a pressão, mas eu adorava aquilo, e nos tornamos bons amigos que socializavam depois do trabalho. Marie era rígida sobre eu chegar em casa tarde da noite, então, se saíamos para festejar, eu acabava dormindo na casa de Lee.

Eu ia de bicicleta para o trabalho debaixo de neve e chuva, chegava bem cedo. Colocava meu uniforme quando estava lá e ficava até tarde, com frequência trabalhando até as sete ou oito horas.

Embora o trabalho fosse desafiador, dávamos boas risadas. Éramos todos jovens e havia muitas piadas.

Lee tinha o estranho hábito de sempre insistir em escrever a lápis, e eu quebrava a ponta de todos os lápis do escritório para ele não encontrar nenhum para usar.

Certa vez, ele saiu de férias e, por motivos que não me recordo, uma das meninas que trabalhava no escritório precisou ir ao sótão. Falamos para ela só andar pelas vigas e não pisar no isolamento. Porém, ela não ouviu e deixou um enorme buraco no teto. Tirei uma foto e enviei para Lee.

– Não se preocupe, cara. As vendas estão explodindo pelo teto! – escrevi na legenda.

Lee sempre viajava no Natal e, certo ano, um dia antes de ele partir, perguntei:

– Quando você quer trocar os presentes?

Ele entrou em pânico, pois achou que eu tinha comprado um presente e não queria passar pelo constrangimento de não agir reciprocamente. Então, inventou uma desculpa e saiu por uma hora. Quando voltou, aproximou-se da minha mesa com um saco de presentes.

– Feliz Natal! – exclamou, entregando-os.

– Valeu, cara – respondi.

Ele esperou sem jeito.

– Não tenho nada para você – respondi, dando de ombros.

Viramos bons amigos. Na maioria dos fins de semana, eu acabava indo a Bournemouth, já que conhecia mais gente. Não tinha muitos amigos onde morava, em Farnborough, pois só tinha ido parar lá depois do Sri Lanka. Lee percebeu e me convidava para ir junto quando saía com seus amigos. Ele também conhecia o diretor do time de futebol local e me ajudou a entrar no time. Lee nunca fazia muitas perguntas, mas percebia que havia algo incomum acerca da minha situação doméstica. Eu morava com a minha irmã e não falava sobre meus pais.

Somente depois que estava há mais ou menos seis meses trabalhando na empresa contei sobre o tsunami e que tinha me tornado órfão. Estávamos conversando sobre nossas formações e ele perguntou o que meus pais faziam. Nunca evitei o assunto, mas não o colocava na mesa porque, no passado, aquilo fazia as pessoas reagirem de forma diferente comigo. Não queria que me tratassem diferentemente e, de forma alguma, queria que sentissem pena. Depois que contei a Lee, ele continuou agindo exatamente da mesma forma.

Trabalhei para ele por mais de um ano. Aprendi muito sobre negociação, marketing e negócios na internet. Desfrutei imensamente da experiência, mas sempre levei comigo a ambição de voltar a viajar. Sempre quis retomar os planos da jornada que planejei com meus pais em 2001. Eles falavam em visitar a Austrália e a Nova Zelândia, e eu queria ir para lá. Era uma questão não encerrada que eu precisava resolver. Gostava de trabalhar, mas queria ver o mundo. Há tantas coisas para ver e, se você não fizer isso, acaba levando uma vida protegida. Por que alguém poderia não querer sair por aí e viver em diferentes lugares, com pessoas e culturas diferentes?

Aos dezenove anos, eu tinha economizado o suficiente e não consegui mais resistir à tentação. Entreguei meu pedido de demissão. Lee me disse que eu poderia retornar quando quisesse. Comprei uma passagem da STA Travel de volta ao mundo por mil libras, que me dava direito a doze paradas em uma rota planejada.

Nessa época, Paul estava estudando para se tornar encanador e ficou com inveja. Tinha dezessete anos e adoraria se juntar a mim. Mas precisava esperar mais dois anos antes de poder voltar a viajar. Marie apoiou minha decisão. Ademais, ela estava com a casa cheia e uma pessoa a menos liberaria um espaço valioso.

Meu primeiro destino foi a Índia. Eu queria voltar e ver mais do país. Fui a Déli, Agra, Mumbai, Querala, Goa e Rajastão.

Inicialmente, planejei voltar a alguns dos lugares que havíamos visitado antes e, em Goa, retornei ao complexo onde havíamos alugado nossa casa. O lugar estava repleto de boas memórias, então, num primeiro momento, senti-me atraído. Eu estava sozinho e queria ir até lá porque era um lugar familiar. Mas estar ali sozinho não pareceu certo. Era tão diferente do que havia sido antes. O lugar havia se transformado: agora era mais agitado e mais comercial. Mas parecia vazio sem meus pais.

Os donos ficaram contentes por me rever e se lembravam de mim. Perguntaram o que andávamos fazendo e como estavam meus pais. Contei-lhes a história e eles ficaram inconsoláveis. Tudo parecia brutal enquanto eu explicava. Era difícil falar sobre aquilo e era desconfortável estar perto deles, que não sabiam o que dizer.

Eu planejava ficar mais tempo no complexo, mas logo fui embora. O lugar tinha perdido a alma. Encontrei Jeedi, o joalheiro, e tive de contar o que aconteceu com a nossa família. Visitei também o dono de um hotel que havíamos conhecido. Quando ouviu a notícia, ele me ofereceu um quarto, uma refeição e o que mais eu quisesse, mas não fiquei porque a situação era estranha. Em vez disso, procurei outro lugar para evitar os locais que havia visitado com mamãe e papai.

Depois, senti-me sozinho. Percebi que estava sozinho e que a ausência de meus pais era palpável. Segui viagem para uma parte diferente do país.

Precisei de tempo para me acostumar com a ideia de ser um viajante solitário, mas sempre há uma comunidade na estrada e, na maioria dos lugares em que fiquei, encontrei pessoas com quem conversar e trocar experiências.

Nunca tive problemas em fazer novas amizades. A independência que nos foi dada na infância gerou confiança, e isso me ajudou. Certa noite, eu estava sozinho em um restaurante e comecei a conversar com dois rapazes. Nós nos encontramos no banheiro e eles me perguntaram de que lugar da Inglaterra eu era. Matt e Louis viviam em Essex e eram aproximadamente dez anos mais velhos do que eu. Eram divertidos e viajamos juntos por vários meses. Eles estavam seguindo um itinerário bastante parecido com o meu e queríamos ver os mesmos lugares, então procuramos ficar juntos. Em viagens, é uma prática comum se unir a outras pessoas e, conforme eu visitava novos lugares e vivia novas experiências, os fantasmas do passado pesavam cada vez menos sobre mim.

Como um grupo de colegas, fazíamos o que viajantes fazem. Divertíamo-nos, ficávamos bêbados ocasionalmente e fazíamos tatuagens. Fiz uma tatuagem do Buda no braço e um anjo nas costas, que levaram quatro horas para ficar prontas. Escolhi o Buda por causa da estátua que usei para distrair a atenção de Mattie enquanto caminhávamos pelos trilhos do trem depois do tsunami em Weligama. Também simbolizava a ideia de que todos somos parte do universo. Desenhei um anjo com minhas próprias mãos. A imagem era metade homem, metade mulher, de modo a representar mamãe e papai e os sacrifícios que eles fizeram por nós. Junto ao anjo, também tatuei a data do tsunami. Fiz minhas tatuagens em um ambiente limpo e moderno. Louis fez a dele com um cara em um mercado, um rapaz que mantinha os aparelhos ligados a uma bateria que descarregava o tempo todo. Pediu para o cara tatuar seu nome em hindi. Depois, ele descobriu que as pessoas o chamavam de Lewis, e percebeu que o tatuador havia soletrado o nome da forma errada!

Conheci um monte de gente diferente. Apaixonei-me por uma garota do Reino Unido que estava no fim de sua viagem e quase voltei para casa com ela. Passei a maior parte da adolescência viajando e vivendo na casa da minha irmã, então não tive muitas oportunidades de conhecer garotas. Ela foi a primeira com quem tive um relacionamento sério e foi bem legal. Conversei com meus amigos na Inglaterra e falei que estava pensando em voltar. Eles, junto a Matt e Louis, convenceram-me a não fazer isso.

"Não caia no primeiro obstáculo" era o conselho dos dois, que agiam como meus irmãos. Fico feliz por ter ouvido o que disseram. O ano que passei viajando foi incrível.

Antes de deixarmos a Índia, fiquei doente. Em todos os meus anos como viajante, nunca havia tido problemas com doenças, mas minha sorte chegou ao fim quando estávamos em barracas em uma praia no sul do país. Eu não tinha ideia do que havia causado aquilo – se algo que eu tinha comido ou algum inseto –, mas começou com cólicas no estômago e tontura. Dentro de uma hora, eu estava queimando de febre, tremendo, suando, quase desmaiando. Foi aterrorizante. Matt e Louis tinham ido a algum lugar e eu sabia que precisava ir ao hospital. Arrastei-me pela cidade até encontrar um táxi que me levasse à clínica mais próxima, onde fiquei internado. Por sorte, eu tinha seguro-viagem, então fui tratado em um quarto particular. Quando cheguei, estava delirando. Fui preso a um equipo com soro e passei alguns dias acordando e dormindo enquanto a doença saía por meu intestino. Em algum momento enquanto eu estava ali, alguém roubou meu dinheiro.

Como eram mais velhos, Matt e Louis sentiram que era sua obrigação cuidar de mim e, quando perceberam que eu tinha desaparecido, foram me procurar. Conversaram com a polícia e foram até o hospital, onde me encontraram já em recuperação e riram. Quando tive alta, deram-me alguns comprimidos para levar comigo.

Planejamos seguir para a Tailândia para participar da famosa festa de Ano-Novo na praia em um lugar chamado Koh Pangang, e seguimos para Mumbai para pegar o voo. Comecei a tomar os comprimidos que me deram quando deixei o hospital. Depois que engoli o primeiro, sofri um tipo de reação alérgica. Minha garganta começou a inchar e tive problemas para respirar. Precisei retornar ao hospital para uma injeção de adrenalina.

Enfim chegamos à Tailândia. Era um lugar que eu não conhecia, então foi uma experiência completamente nova. E amei! Era algo diferente, louco e exótico. Ficamos em Bancoc por algum tempo. Fomos a uma luta de *kick-boxing* tailandês, fui pedido em casamento por uma travesti e aproveitamos as imagens e sons mais incomuns da cidade.

Seguimos para a costa para passar o Natal e a véspera de Ano-Novo. Um dos lugares que visitei, Phi Phi, havia sofrido com o tsunami e algumas áreas ainda estavam em ruínas. Fora o Sri Lanka, era o primeiro lugar que eu visitava para onde as ondas haviam levado o caos. Foi difícil estar ali em um momento tão complicado do ano, e o som do mar me assustava à noite. Seguimos viagem rumo às ilhas ao longo da costa.

No dia depois do Natal, eu estava na praia. Tomei algumas cervejas e as emoções me soterraram. Aquele sempre seria um dia complicado, e o local não ajudava. Contei aos rapazes o que tinha acontecido comigo. A essa altura, já éramos bons amigos e, depois que contei, eles não me trataram de forma diferente. Continuaram se divertindo e fazendo piadas.

Sempre tive um pouco de receio de estar no mar, em especial à noite, quando ficávamos nas barracas e casas na árvore. Mas comecei a perceber que o que tinha acontecido fora uma experiência excepcional, e que eu não podia viver com medo e deixar de ter novas experiências por causa daquilo. As chances de voltar a acontecer eram grandes. Mas você não para de andar de bicicleta se toma um tombo. Você se levanta e continua.

Da Tailândia, continuei minhas viagens pelo sudoeste da Ásia. Tomamos o trem para Laos e um lugar chamado Vang Vieng: uma cidade no rio Nam Song que era um ímã para jovens viajantes. A rua principal estava tomada por restaurantes e bares e havia muitas casas baratas para se instalar. A atividade "obrigatória" era chamada de "tubing" e consistia em flutuar pelo rio em um grande tubo de borracha, parando no caminho para desfrutar de alguns bares existentes nas margens do rio. Era uma espécie de complexo de bares na água, atraíndo milhares de jovens todos os anos. Pelo caminho, havia cordas e tiroleses cruzando a água. Em alguns pontos, as margens se transformavam em penhascos de quinze metros. As pessoas pegavam a tirolesa no topo. A mistura de álcool barato e esportes de aventura se provava fatal em muitas ocasiões. Todos estavam ali para se embebedar. Era a rota de bares mais perigosa do mundo. Quando estive lá, uma japonesa desapareceu quando foi pegar uma das cordas e caiu quinze metros na água abaixo. A multidão assistindo ficou em silêncio enquanto ela atingia a água com um barulho surdo. Depois do que pareceu demorar um ano, ela ressurgiu novamente na superfície e todos celebraram enquanto alguns mergulhadores a ajudavam a sair da água.

As semanas se passaram rapidamente, repletas de novas experiências e novos lugares. Eu quase conseguia sentir meus horizontes se expandindo. Mesmo nos dias em que não havia atividades planejadas, todos desfrutavam da empolgação de estar em um lugar diferente. Eu pensava com frequência em meus pais e em como eles adorariam ter visto os lugares que eu estava vendo.

Depois da Tailândia, Louis, Matt e eu seguimos caminhos distintos. Fui a Cingapura e Bali. Louis continuou viajando pela Ásia e Matt foi para a Austrália.

Bali é surreal. Conheci pessoas ótimas, incluindo um tcheco que falava nove línguas. Conheci médicos e pedreiros. Percebi como a vida em Farnborough era limitada. Estar livre no mundo me lembrava de quão esquisitas e maravilhosas as pessoas são.

Conheci gente de todo o mundo, vindas das mais diferentes formações. Saí com um grupo de finlandeses insanos e pulamos do telhado do hotel em uma piscina. Fomos surfar às cinco da manhã depois de uma longa noite na balada. Brincamos de jogos ridículos, desafiamos uns aos outros a fazer mais tatuagens e conhecemos garotas incríveis.

Certos momentos se destacaram. Lembro-me de uma noite em que estava em um quarto com duas garotas suecas. Como eram suecas, sentiam-se muito à vontade com a nudez e tinham atitudes liberais. Fizeram topless. Eu estava ali sozinho com elas, assistindo a um DVD. Eram lindas. Eu tinha dezenove anos. Pensei comigo: "Nenhum dos meus amigos na Inglaterra vai acreditar se eu contar a eles o que está acontecendo aqui".

Em Bali, saí com uma surfista neozelandesa louca chamada Zeek e tivemos um probleminha com a lei. Bali é um país islâmico conservador e, embora as regras não sejam tão severas e os turistas recebam bons cuidados, a polícia fica de olho em jovens viajantes. E os policiais não querem ouvir que você está vadiando pelo mundo; e, sim, que você está recebendo educação e treinamento para ter uma carreira. Alguns também se sentem inclinados a pedir pagamentos espúrios quando o param na rua, como aconteceu quando Zeek e eu alugamos motocicletas. Havíamos ouvido que a polícia tinha o hábito de cobrar propina, então, quando vimos um policial parado à frente em uma estrada tranquila, fizemos uma curva brusca para tentar evitá-lo. Infelizmente, a estrada que tomamos terminava em um beco sem saída, e os oficiais perceberam nosso comportamento suspeito. Dois deles avançaram em nossa direção com motocicletas poderosas.

Estávamos encurralados.

– Algum problema, oficiais? – perguntei, descendo da moto e tentando parecer tranquilo.

Na verdade, não tínhamos feito nada errado, mas, como costuma acontecer quando você é jovem e é parado pela polícia, senti-me culpado.

– Por que vocês não pararam? – perguntou um dos policiais, com um semblante muito sério.

– Eu não os vi – respondi.

– Documentos, por favor – pediu, estendendo a mão.

Entreguei-lhe o passaporte. Ele passou as folhas enquanto o outro oficial questionava Zeek, que parecia uma surfista típica, com cabelos longos, loiros e sujos.

– Qual é o propósito da sua visita a Bali? – Ele quis saber.

– Bem, estou estudando para ser médica e vim para visitar alguns pontos culturais da ilha.

O policial olhou para nós dois e arqueou cinicamente uma sobrancelha.

– Vou multá-los por não parar e por não usar capacete – anunciou um deles.

Então ele pediu o equivalente a 50 libras em rúpias indonésias. Eu estava vivendo com 20 libras por dia, tinha economizado muito e queria que meu dinheiro durasse o máximo possível. Eu não tinha outra opção senão blefar para não entregar o dinheiro ao policial corrupto.

– Pode preencher a multa, então.

Vi o outro policial vacilar levemente. Ele estava acostumado a pessoas que simplesmente entregavam o dinheiro e consideravam aquilo uma das inconveniências do ato de viajar.

Ele me olhou nos olhos.

– E qual é o propósito da sua visita?

– Estou de férias antes de retornar à Inglaterra e começar a trabalhar como policial – respondi. – Meu pai é policial em Londres.

O homem fechou uma carranca.

– Telefone para a Scotland Yard e peça para falar com meu pai. Ele vai resolver a questão da multa – blefei.

O policial olhou para seu colega. Os dois claramente perceberam que estávamos mentindo. Por sorte, em vez de se irritarem, eles concluíram que não valia a pena seguir em frente com seu esquema.

– Nesse caso, vamos deixar passar, mas não nos deixem vê-los sem capacete outra vez – ele falou.

Os dois subiram em suas motos e foram embora de mãos vazias.

Fiquei em Bali algumas semanas além do planejado, principalmente por conta de uma adorável garota sueca que conheci. Quando ela foi embora, segui para a Austrália, onde visitei Sydney e Melbourne e viajei para Gold Coast. Encontrei-me com um colega de escola que estava trabalhando na cidade como técnico de tênis e passei alguns meses com ele.

Fiquei com meu tio John e minha tia Anne em Brisbane. Eles nunca tinham ouvido de nenhum de nós a história completa do que aconteceu no dia após o Natal, e nenhum dos outros irmãos do papai lhes contou. Ninguém conversava sobre o assunto. Mas eles não se sentiam à vontade, não conseguiam aceitar e, certa noite, sentamo-nos para tomar uma bebida na noite amena e eles me perguntaram. Contei-lhes o que eu sabia. Contei o que tinha acontecido conosco, que mamãe e papai tinham morrido e salvado Mattie e Rosie. Expliquei como conseguimos retornar a Colombo e voltar para casa. Foi uma noite muito emotiva, mas eu agora já me sentia à vontade para falar sobre o assunto. Se eles tivessem me perguntado seis meses antes, teria dado um jeito de me proteger. Viajar tinha me ajudado a limpar muitas coisas da mente. Eles me agradeceram por ter lhes contado. Espero que aquilo também os tenha ajudado a deixar algumas coisas para trás e seguir a vida.

Da Austrália, viajei para Fiji, onde joguei rúgbi na praia e fui de uma ilha para a outra. Depois, segui para Havaí, Los Angeles e Nova York. Enquanto dava a volta ao mundo, usava cybercafés para manter contato com meus irmãos e irmãs. Criei minha primeira conta no Facebook em um cybercafé na Índia e atualizava sempre que possível. Também usei a rede social para me manter atualizado com as notícias de casa. De longe, recebi a notícia de que Marie estava grávida e, quando voltei para casa, tinha um sobrinho, Kieron, para conhecer.

Paul estava terminando a escola e se esforçando para encontrar trabalho. Eu conversava regularmente com meu irmão, e ele soava insatisfeito. Detestava a escola, mas sempre trabalhou com afinco. Ninguém estava disposto a dar uma chance a ele. Não havia oportunidades de estágios como encanador, porque os comerciantes temiam os aprendizes, imaginando que eles poderiam passar-lhes a perna e roubar seus clientes.

Mattie e Rosie ainda frequentavam a escola e pareciam bem. Rosie tinha desenvolvido um amor verdadeiro pela música e também estava se tornando uma boa jogadora de futebol. Participou de seleções para a equipe amadora da Inglaterra e também havia sido procurada por olheiros de alguns times. Era extrovertida e um tanto peculiar. A gente sempre sabia quando Rosie estava por perto. Ela enfrentou muito bem a vida nos anos que se seguiram à morte de nossos pais.

Enquanto eu viajava pelos Estados Unidos, senti que era hora de retornar e comecei a sentir vontade de voltar para casa. Era estranho estar de volta no mundo ocidental depois das minhas experiências na Índia e na Ásia. Quando cheguei aos Estados Unidos, as coisas se tornaram caras. Era difícil ser um mochileiro em Los Angeles. Não existe muita coisa barata por lá. Eu estava acostumado a viver com o mínimo e, de repente, me vi em uma cidade moderna. Era como se eu estivesse sendo lançado de volta à civilização ocidental.

Quando cheguei a Nova York, meu dinheiro tinha acabado e, embora a cidade seja ótima, a essa altura eu só queria voltar para a Inglaterra. Sentia saudade de casa e da minha família, queria ver Kieron e meus colegas.

Voltei para a Inglaterra sem grana, sem planos, mas com muitas memórias grandiosas. Tinha passado por experiências incríveis e conhecido pessoas impressionantes. Alguns lugares me fizeram chorar. Sempre vou me lembrar do sentimento misterioso e da emoção que senti quando visitei o memorial às vítimas do bombardeio em Bali e o memorial de Pearl Harbor. Passei tempo nos dois, tentando interpretar as experiências traumáticas, e entendi melhor as pessoas envolvidas nesses eventos, porque compreendia um pouco do que aqueles que enfrentaram essas tragédias deviam ter sentido.

Minha viagem ao redor do mundo terminou no fim do verão. Eu tinha crescido, tornado-me mais confiante e resolvido algumas das questões que vinham me incomodando. Precisava ter feito aquilo para solucionar os problemas em minha cabeça. A sensação era a de que um capítulo tinha se encerrado, uma necessidade havia ficado para trás. Viajei sozinho, mas meus pais estavam comigo, e eu tinha visto as coisas que eles queriam que eu visse. Senti que tinha feito a coisa certa.

Foi bom ver todo mundo. Marie me pegou no aeroporto e fomos comer juntos. Foi maravilhoso conhecer meu novo sobrinho e ter notícias de todos. Eu tinha passado um ano fora; eles não tinham mudado, mas eu tinha. Queria mais da vida. Não havia pensado no futuro antes porque estava concentrado demais em viver o aqui e agora enquanto viajava com meus pais e, depois do tsunami, tudo o que eu podia fazer era enfrentar o presente.

Mas sabia que queria fazer alguma coisa estimulante na vida, algo que me permitisse ter novas experiências e aprender coisas novas continuamente. Não queria que aquela viagem fosse o fim. Queria cair outra vez no mundo e também queria estar envolvido em alguma coisa que ajudasse outras pessoas. Só não sabia o que exatamente.

CAPÍTULO 14

Hey, Juta

Quando retornei, Lee me ofereceu minha vaga de volta na CV Library, mas eu queria seguir a vida e tentar algo novo. Um amigo estava de mudança e em busca de alguém para dividir uma casa em Bournemouth. Eu conhecia muitas pessoas na cidade e fui morar com ele. Encontrei trabalho em uma empresa de recrutamento chamada Platinum. Era uma empresa jovem, especializada em encontrar os melhores *chefs* para restaurantes e hotéis, administrada por três rapazes: Neil, Paul e Simon.

A entrevista foi pesada, mas, depois que eles me perguntaram um monte de coisas, nós quatro fomos jogar golfe e depois ao McDonalds e a um bar. Era o meu tipo de empresa. Gosto de pessoas heterodoxas.

Enquanto vivia em Bournemouth, também conheci uma garota. Ficamos juntos durante um ano, mas ela sempre quis viajar, e eu tinha acabado de retornar. Embora quisesse voltar para a estrada, eu não estava pronto para fazer as malas e desaparecer outra vez, então ela foi sozinha.

Eu me dei bem na empresa de recrutamento e gostava do trabalho. Tive a oportunidade de visitar os melhores restaurantes e hotéis do país, e os caras com quem eu trabalhava me ensinaram muito. Lee e eu continuamos sendo bons amigos, e ele ficou de olho em meu progresso. Com frequência voltava a oferecer meu posto e, um ano depois de eu começar na Platinum, tentou me convencer a voltar. A CV Library vinha crescendo continuamente e estava em boa posição. Muitas empresas na internet lutavam para encontrar formas de conquistar um faturamento razoável, mas a de Lee tinha se dado bem e ele queria expandir o lado corporativo do site, que tinha potencial para seguir crescendo conforme a indústria do recrutamento cada vez mais migrava para o mundo da internet. A CV Library tinha a vantagem de ser um dos pioneiros no recrutamento on-line, tendo construído uma marca forte e bem estabelecida. Lee me pediu para voltar e criar um novo departamento de vendas para grandes clientes corporativos. Gostei do desafio de voltar para começar algo novo. Aceitei a oferta e me mudei para Church Crookham, cidade que continuava sendo a sede da CV Library. Aluguei um bangalô com outro colega, Andy.

A vida ia bem. Trabalhava pesado por longas horas, ganhava um bom dinheiro, tinha um carro decente, poucas responsabilidades e uma vida confortável. Fazíamos algumas festas bem legais no bangalô. Passamos uma celebração de Ano-Novo na praia de Koh Pangang, no quintal dos fundos. Todos usaram roupas de praia, alguns, roupa de surfista, e decoramos o espaço com pisca-pisca. Também conseguimos arrumar algumas palmeiras.

Enquanto isso, Paul tinha menos sorte. Estava chateado. Tinha completado 19 anos e lutava para encontrar trabalho. Em vez de trabalhar como encanador, conseguiu emprego em uma loja chamada B&Q, em que trabalhava em dois turnos durante toda a semana com frequência. Eu ficava irritado por saber que alguém tão claramente talentoso e disposto a trabalhar enfrentava problemas para encontrar emprego porque não se adequava ao sistema escolar. Paul sempre quisera viajar, e tinha economizado muito para fazer seu sonho se tornar realidade. Assim que juntou dinheiro suficiente, comprou a passagem e embarcou. Seguiu por uma rota similar à minha e também foi à Nova Zelândia.

Ele voltou depois de um ano, mas não demorou a perceber que não havia nada para ele na Inglaterra. Depois de alguns meses lutando para encontrar emprego, percebeu que se daria melhor na Austrália, onde o clima era mais ameno e havia mais oportunidades. Embarcou outra vez e foi viver em Melbourne, onde passou dois anos. Eu respeitei sua decisão. Num primeiro momento, Paul foi de um lado para o outro realizando trabalhos temporários até finalmente conseguir uma vaga em um armazém, onde trabalhou até chegar ao escritório, conquistou uma vaga na área de vendas e por fim se tornou gerente de contas com um carro e um salário que era o dobro do que estaria ganhando no Reino Unido. Ele teve que viajar para o outro lado do mundo para alguém perceber seu potencial. O dinheiro que recebia também rendia muito mais na Austrália, então meu irmão tinha um bom padrão de vida.

Voltava periodicamente à Inglaterra para nos visitar. Em geral, quando isso acontecia, acabávamos saindo para nos divertir à noite. Mas certa noite a coisa saiu do controle.

O dia começou normalmente. Paul estava com um de seus amigos e planejávamos aonde ir. Ele retornaria à Austrália dentro de alguns dias e queríamos uma boa noitada.

– Por que não vamos a algum lugar novo e diferente? – ele propôs.

Então fomos a Southampton, uma cidade costeira no sul. Decidimos passar a noite lá e reservamos o hotel, onde deixamos o carro antes de sair. Fizemos o de costume: fomos a alguns bares, a uma discoteca onde a garrafa de cerveja era vendida a uma libra, a um cassino e, por fim, estávamos no único bar que conseguimos encontrar aberto. Foi uma noite pesada e o colega de Paul começou a conversar com algumas garotas que trabalhavam no bar. Nas primeiras horas da manhã, ele convidou uma delas para ir ao hotel. A garota ainda estava trabalhando, mas disse que iria assim que terminasse. Paul deu a ela o número do quarto e falou que deixaria a porta aberta.

Quando voltamos ao hotel, a diversão continuou e, por fim, fui para o meu quarto e deixei Paul e seu colega no quarto que estavam dividindo.

Na manhã seguinte, todos acordamos de ressaca, mas meu irmão e seu amigo tinham um problema maior. A carteira deles havia desaparecido. Os dois tinham deixado a porta aberta e, enquanto dormiam, alguém – provavelmente a garota da discoteca – havia entrado e pegado o que quis. Tudo aquilo era bastante previsível e uma inconveniência, mas não o fim do mundo. Eles só precisavam fazer alguns telefonemas, cancelar os cartões e pedir outros novos, e o problema estaria resolvido e a lição aprendida.

Porém, logo depois tudo veio à tona e percebemos o que tinha acontecido. Paul recebeu um telefonema no celular. Número restrito. Ele atendeu.

– Estou com as suas carteiras. Se as quiserem de volta, precisarão pagar. Se não pagarem, contarei a todos o tipo de lugar que vocês frequentam e com que tipo de companhia andam – ameaçou uma voz masculina rouca.

Ele certamente estava falando do bar e da garota que trabalhava lá.

– Quero quinhentas libras de cada um. Se procurarem a polícia, vou acabar com vocês.

Num primeiro momento, Paul deu risada, pensando se tratar de alguma brincadeira.

– Faça como quiser, colega. Vou para a Austrália amanhã, isso não me incomoda em nada – respondeu.

Mas então as coisas começaram a ficar perturbadoras.

– Estou com a sua carteira de habilitação e sei onde você mora. Também sei onde sua família mora. Você não quer que aconteça com eles o mesmo que aconteceu com seus pais, quer? – rosnou o indivíduo.

O cara tinha procurado o nome de Paul no Google e visto uma notícia no site da BBC, postada após o tsunami, que listava as vítimas inglesas e expunha breves detalhes de cada uma. O artigo dizia que nossos pais tinham deixado seis filhos e dava nossos nomes e idades. O cara tinha descoberto informações sobre Paul e agora estava ameaçando o resto da família.

Nós não sabíamos o que fazer.

– Veja, posso dar algum dinheiro, mas é tudo que temos – ofereceu Paul.

Mas o indivíduo não recuava; continuava com suas ameaças. No fim, disse para pensarmos no assunto e que telefonaria de volta para dizer onde deveríamos deixar o dinheiro.

Fomos direto para a delegacia. Não tínhamos nada a esconder e eu certamente não correria o risco de tentar enfrentar o chantagista. Os policiais nos contaram que tínhamos nos tornado vítimas de um golpe que vinha acontecendo com frequência já há algum tempo na cidade. As ameaças de violência contra nossa família os preocuparam muito. Eles acreditavam que havia uma rede de bandidos operando nos clubes noturnos locais, e explicaram que talvez pudéssemos ajudá-los a prendê-los.

Sendo o mais velho, tornei-me o principal ponto de contato quando o homem telefonava e passei algum tempo recebendo informações da polícia. Eles queriam que prosseguíssemos com o golpe e combinássemos de encontrar o homem e entregar o dinheiro. Seria uma operação arriscada. Os policiais estariam de olho, e eu seria acompanhado por um oficial especialmente treinado. Tudo me foi explicado em detalhes.

– Você não vai correr nenhum risco – garantiram. – Esses caras são bandidos que precisam ser pegos. Vocês são a nossa grande chance.

Fui orientado com relação ao que dizer quando ele telefonasse. Eu precisava conversar e fazê-lo admitir que tinha ameaçado matar a minha família e que estava me chantageando. O telefone estaria grampeado.

Quando o homem ligou, no fim daquela tarde de domingo, eu estava sentado em uma sala da delegacia de Southampton, cercado por policiais.

Atendi.

– Aqui quem fala é Rob, irmão mais velho de Paul – anunciei. – Por que vocês estão fazendo isso? Somos apenas um grupo de jovens, não fazemos mal a ninguém.

– Não brinque comigo – rosnou o indivíduo. – Já disse ao seu irmão. Quero mil libras em dinheiro vivo, aí sua família sai viva.

– Por que você poderia querer feri-los? Eles não fizeram nada! Por que está chantageando meu irmão?

– Porque eu posso – ele respondeu, rindo.

Eu havia recebido instruções para aceitar a proposta de nos encontrarmos em um lugar público, dizendo que não iria sozinho.

– Como sei que você vai nos deixar em paz se eu fizer o que você diz?

– Confie em mim – foi a resposta, com ares de deboche.

– Está bem, mas precisamos nos encontrar em um local público. E vou levar um amigo comigo.

Ele concordou.

– Me encontre na Pizza Hut do shopping center Basingstoke amanhã ao meio-dia. Não tente fazer nenhuma bobagem. Eu estarei vigiando.

Meu coração saía pela boca quando ele desligou.

Eu já tinha passado por algumas situações surreais na vida, mas essa era uma das mais estranhas. Era como se eu estivesse no meio de um filme de Hollywood. No dia seguinte, fui pego pela polícia e levado a uma delegacia de Hampshire, em que encontrei um policial à paisana posando como meu amigo para levar o dinheiro.

Ele tinha pouco mais de trinta anos, não era particularmente alto ou forte e parecia totalmente despretensioso.

– Ele vai ficar bem se as coisas derem errado? – perguntei a um oficial, apontando para o meu parceiro.

Ele riu.

– Esse cara é o melhor que existe. É treinado para ser guarda-costas, para usar arma de fogo, autodefesa... para tudo. Confie em mim, ele não vai deixar que nada lhe aconteça.

O homem se apresentou. Vamos chamá-lo de Dave... Bem, de qualquer forma, é muito provável que ele não tenha me dado seu nome verdadeiro. Recebi um maço de notas e fui levado a uma Range Rover preta, dirigida por Dave. Quando entramos no veículo, ele começou a me fazer perguntas: onde você mora?

Qual é seu time de futebol? Onde trabalha? Qual é o nome do seu chefe?

Ele estava formando uma imagem da minha vida.

– A história é a seguinte, Rob. Meu nome é Dave e sou de Yorkshire, mas me mudei para cá para trabalhar e agora trabalho com você. Jogamos futebol no mesmo time. Entendeu?

Assenti.

– E não se preocupe, cara. O lugar está cheio de policiais armados. Eles vão nos observar durante todo o tempo. No improvável evento de você ser levado, apenas vá com eles. Os caras não vão conseguir escapar.

Engoli em seco.

E, quase como uma adição corriqueira:

– Se ele puxar uma arma, jogue-se no chão.

Eu esperava que ele estivesse brincando.

Estacionamos no shopping e passamos pelos frequentadores daquela manhã de segunda-feira. O lugar estava cheio, e eu via Dave murmurando palavras. Acreditei que havia um microfone em alguma parte de seu corpo, e que ele estava falando com uma sala de controle em algum lugar.

Ele me levou até ao Starbucks.

– Espere aí um minuto, colega. Preciso buscar uma coisa.

Ele passou pelas pessoas e voltou alguns segundos depois. Eu não tinha a menor ideia do que havia ido buscar. E nem queria pensar no assunto.

Quando chegamos à Pizza Hut, observei impressionado enquanto ele analisava o espaço e oferecia, pelo microfone escondido, uma avaliação exata e precisa de todos que estavam ali. Sua boca mal mexia.

Eu estava com o celular de Paul. O telefone tocou. Era o bandido do outro lado da linha.

– Mudança de planos – disse. – Encontre-me no piso superior, na frente da Waterstones.

Entramos no elevador e seguimos rumo ao local do encontro. O homem à nossa espera não poderia ser mais parecido com o estereótipo de um bandido. Era corpulento, com o nariz quebrado, cabeça raspada e tatuagens no pescoço. Parecia durão.

Enquanto eu me aproximava, ele me mostrou sua faca, escondida pela jaqueta sobre seu braço.

– Não tente fazer nada – sussurrou.

Dave estava bem ao meu lado e se posicionou para reagir caso alguma coisa acontecesse.

Entreguei o dinheiro e me virei para sair. Eu queria me livrar daquilo o mais rapidamente possível. Dave sussurrou para mim:

– Ande para longe, e rápido.

Chegamos ao elevador e nos apressamos até o carro. Dave continuava falando no rádio escondido. Havia um ar de emergência em seus movimentos. Ele deu partida na Range Rover e, enquanto saíamos do estacionamento, pisou fundo. Eu me vi preso ao assento pela força da aceleração enquanto ele ganhava velocidade e virava uma esquina.

– Estamos sendo seguidos – falou friamente.

Eu não sabia se ele estava falando comigo ou com o rádio. Dave acelerou ainda mais. Olhei pelo retrovisor e vi uma BMW se esforçando para nos alcançar. No próximo entroncamento, o veículo desligou. Dave riu.

– Alarme falso. Era só um cara acelerando, e o carro morreu – disse.

Depois descobri que o golpista havia sido preso assim que deixamos o shopping, que havia sido considerado culpado de uma série de crimes, incluindo chantagem, e que passaria vários anos na cadeia. Os policiais tinham tantas evidências contra aquele homem que nem precisei testemunhar no tribunal.

No dia da operação, tive que telefonar para o trabalho para explicar por que não compareceria.

Lee suspirou quando lhe contei.

– Isso só poderia ter acontecido com você, Rob.

Alguns dias depois, Paul voltou para a Austrália e a vida retomou o ritmo normal. Nós dois estávamos bem em lados opostos do mundo. Algumas pessoas poderiam se sentir satisfeitas com isso. Mas eu não.

Durante toda a vida, meus modelos tinham se sobressaído por conta própria, criado ideias e buscado realizá-las obstinadamente. Meus pais tinham criado a Rose Fashions do nada e a transformado em uma empresa lucrativa. Meu pai estava prestes a começar a ganhar a vida com seu site quando o tsunami aconteceu. Lee havia criado a CV Library com base em uma ideia que todos diziam que não renderia frutos.

Estava trabalhando na CV Library há dois anos. Ia de férias todos os anos à Índia. Nessas viagens, também comecei a visitar o abrigo ao qual íamos quando crianças. Parecia a escolha natural. Servia comida e também ajudava os professores nas aulas. Além disso, brincava com as crianças. Às vezes o simples fato de passar tempo com elas, jogando futebol ou críquete, era mais importante do que qualquer outra coisa. Eu sentia uma afinidade com elas, como se tivéssemos uma espécie de experiência compartilhada, muito embora viéssemos de lugares e tivéssemos formações muito distintas. De certa forma, acho que aquilo me fazia sentir mais próximo dos meus pais. Minha mãe, em especial, sempre fizera seu melhor para criar em nós uma natureza cuidadora. Sempre nos lembrava que devíamos ajudar os menos afortunados, e essa filosofia ficou profundamente gravada em nós. E me consumia. Eu queria mais do que uma carreira trabalhando para outras pessoas. Eu não me importava em trabalhar para os outros, mas queria ser empreendedor e, além disso, também queria algo que me permitisse levar adiante o legado dos meus pais, o legado de oferecer algo às pessoas. Não queria trabalhar em uma instituição de caridade nem começar uma, mas almejava alguma coisa que me permitisse ajudar, fosse por meio de doações ou de projetos.

Cada vez mais eu passava tempo em Londres. Desfrutava de uma vida social razoável. Ia a festivais, festas e, como a maioria das pessoas da minha idade, gostava de beber cerveja. As ressacas fazem parte da vida quando você tem vinte e poucos anos, e elas frequentemente vinham acompanhadas de uma certa frase: "Minha boca é como os chinelos de Gandhi!".

Ouvi essa frase várias e várias vezes, e ela sempre me fez sorrir. E também me deu uma ideia. Por que ninguém havia criado uma marca de chinelos chamada Gandhi? É claro que haveria problemas em usar o nome do grandioso político indiano, mas por que não soletrar de outra forma? Chinelos Gandys. Que nome excelente para uma marca! A associação entre os chinelos e o nome de Gandhi já existia no consciente coletivo. Era divertido, atrairia um público jovem. Também combinava com nossa história, nossas viagens.

O conceito não me surgiu em um momento de "Eureca". Toda vez que ouvia a frase, pensava nisso. Começou em um festival de música em Clapham, no sudoeste de Londres, e o nome ficou na minha cabeça.

Eu não tinha nenhuma experiência na indústria dos calçados, mas sentia uma afinidade pelos chinelos. Quando viajávamos, se não estávamos descalços, estávamos usando chinelos. Nossa família passou anos viajando como hippies, e os chinelos eram seu calçado por excelência; também eram o uniforme não oficial da família Forkan. Para mim, parecia haver muita sinergia entre um humilde chinelo e a história da minha família. Havia as viagens, o fato de chegarmos descalços do Sri Lanka, o poema "Pegadas na Areia". Também me dei conta de que poderia usar a marca para financiar projetos sociais em outras partes do mundo. Antes de qualquer coisa estavam o produto e os calçados, mas os lucros das vendas poderiam ser usados para ajudar crianças em outras partes do mundo. Eu sabia que criar uma instituição de caridade seria complicado e um trabalho em tempo integral; existem muitas regras a seguir, e levantar fundos pode ser uma atividade incrivelmente competitiva. Então, em vez disso, decidi que eu poderia reservar uma certa porcentagem dos lucros e repassar para financiar outras instituições com as quais a marca estivesse alinhada. A Gandys seria uma empresa social. Busquei outras empresas que vinham promovendo ações similares. A empresa de sucos e *smoo-*

thies Innocent tinha um modelo muito parecido. Decidi reservar 10% dos lucros e usar para financiar empresas de caridade.

Pensei no empreendimento como uma proposta comercial. Sabia que havia um mercado para chinelos. Todo mundo da minha idade comprava pelo menos um par por ano, e todos os usavam em viagens. Os chinelos tinham um apelo internacional. Já havia outras empresas fabricando e uma marca brasileira em particular parecia ter uma grande parcela do mercado. Certamente haveria espaço para um concorrente – uma marca mais legal, mais jovem. Não existia exatamente uma lacuna no mercado, mas eu imaginei que poderia criar uma com a marca correta.

Quando cheguei à conclusão de que era uma boa ideia, comecei a pesquisar como criar minha própria marca. Nunca duvidei de que faria dar certo. Assim como fazia meu pai, tive a ideia e trabalhei nela.

Inicialmente, pensei em criar um produto artesanal, feito com materiais naturais. Algo que parecesse autêntico, do tipo que você compra em barraquinhas quando viaja. Ninguém estava fazendo produtos assim. Eu também poderia acrescentar à marca os valores que tinha aprendido. Poderia ser uma empresa social, que oferece alguma coisa em retribuição ao mundo. Comecei a pesquisar o mercado de calçados e, num primeiro momento, não contei nada a Paul, mas a alguns amigos. Eles deram risada.

Certo fim de semana, telefonei para um colega e perguntei se ele queria ir às compras em Croydon. Quando chegamos, fui a cada loja de calçados e comprei todos os chinelos que pude. Meu amigo pensou que eu estava louco. Gastei mais de 200 libras em chinelos e os levei para casa para ver como eram criados, o que os tornava bons ou ruins. Observei os materiais usados para analisar o que era confortável e o que era durável. Eu queria saber o que tornava alguns chinelos bons e outros ruins. Fiquei vidrado nessa ideia. Tinha que descobrir o que funcionava, como os produtos bem-sucedidos chegavam ao mercado.

À noite, em vez de assistir à TV, eu me sentava ao computador e pesquisava no Google detalhes sobre calçados, chinelos, *branding* e marketing. Esbocei alguns desenhos. Foi assim que tive a ideia do protótipo do Gandys; o chinelo original, de corda e juta.

Certa manhã, no Skype, contei a Paul o que eu vinha fazendo. Em minha mente, sempre soube que seria bom tê-lo a bordo, mas, mesmo assim, segui adiante com o plano enquanto ele se divertia e ganhava um salário decente na Austrália. Ele gostou da ideia.

Descobri um site onde consegui encontrar um fabricante. O Alibaba.com é um verdadeiro baú de tesouros. Trata-se de um site de vendas on-line em que fabricantes internacionais vendem seus produtos a granel. É um site chinês, e o dono é um dos homens mais ricos da China. Pelo que ouvi dizer, seu volume de negócios é maior do que Amazon, PayPal e Yahoo! somados. O site tem todos os produtos do mundo; qualquer coisa que você imaginar, desde mesas e cadeiras até tratores e canoas. Todos estão disponíveis diretamente da fábrica e a preço de atacado. É o epítome do mercado global de hoje em dia: o que você quiser, onde quiser. E tem muitos fabricantes de calçados.

Comecei a enviar e-mails para ver quais poderiam fabricar o tipo de chinelo que eu tinha em mente. Eu tinha visto cintos de corda e pensei que aquele design ficaria bom como a correia do chinelo. Comecei a esboçar alguns desenhos e encontrei uma empresa que produzia sacolas de juta em Bombaim, na Índia. Eles me disseram que podiam usar meu design e transformá-lo em um chinelo.

Na época, eu já tinha agendado uma viagem para passar as férias na Índia, então, enquanto estava lá, aproveitei para visitar a fábrica. Para mim, era muito importante estar satisfeito com o local onde os sapatos seriam fabricados. Perguntei a mim mesmo: eu sentiria orgulho deles? Eu os usaria? Ficaria feliz colocando-os em uma prateleira para outras pessoas comprarem e usarem? Essas três categorias precisavam ser atendidas para haver satisfação. Também comecei a pensar em como poderia fazer o produto funcionar para pessoas menos afortunadas. Eu queria dar sequência ao trabalho que meus pais tinham começado na Índia. Queria ajudar crianças e órfãos. Em termos de produção, também queria encontrar uma fábrica com condições decentes de trabalho.

O fornecedor em Mumbai parecia perfeito e me assegurou que poderia transformar meu design em um produto. O primeiro protótipo foi enviado em junho de 2011. Fiquei imensamente orgulhoso. O calçado tinha o logo da Gandys costurado na correia. Comecei a contar para mais pessoas conhecidas sobre o que eu estava fazendo. Foi uma pesquisa de mercado *ad hoc*. Queria opiniões de amigos e pessoas cujos conselhos eu valorizava. Mantive Paul atualizado, ele sempre apoiou e se mostrou animado com os progressos. Outros amigos, todavia, mostraram-se menos gentis. Vários deram risada da ideia e me disseram que eu era um idiota. Para ser sincero, doeu. Eu podia aceitar críticas, mas, em alguns casos, as pessoas simplesmente descartavam a ideia ou até zombavam. Mas segui imperturbável. Sabia que, quando Lee havia tido a ideia da CV Library, as pessoas a descartaram e disseram que aquilo jamais funcionaria. Vários anos depois, a empresa era um negócio multimilionário.

Com exemplos como meu pai e Lee, vi que tudo era possível com muito trabalho e determinação. Fazer chinelos não requeria ciência de ponta, e eu tinha fé que existia um mercado para aquilo que estava criando, porque, pessoalmente, eu compraria um par de Gandys, e agora queria vendê-los a pessoas como Paul e eu mesmo.

Comecei a negociar com o fornecedor e a aprimorar o design. Fiz outra viagem à Índia, que coincidiu com o aniversário de 21 anos de Paul. Como sou um homem, tipicamente me esqueci da data e agendei a viagem sem me dar conta. Quando Marie me lembrou, improvisei um plano para surpreendê-lo. Reservei uma passagem de Bombaim para Melbourne, onde ele estava morando. Na manhã antes do aniversário, eu estava na Índia e falei com ele por Skype.

– O que você anda aprontando? – perguntei casualmente.

– Estou me preparando para a festa – ele explicou.

– Festa? Festa de quê? – perguntei, fingindo inocência.

– É meu aniversário, Rob. Meu aniversário de 21 anos!

Ele estava dividindo a casa com um amigo nosso, Angus, também da Inglaterra.

– Cara, foi mal! Eu tinha me esquecido completamente! – falei, fingindo sentir culpa. – Ando tão ocupado com o projeto do Gandys que simplesmente esqueci.

– Seria legal ter alguém da família aqui – ele lamentou.

– Não esquente, cara, você vai se divertir muito. Aproveite, hein! – falei.

Quando desliguei, fui direto para o aeroporto e embarquei em um voo de oito horas para a Austrália.

Quando cheguei para surpreender meu irmão, passei pela porta dos fundos da casa no fim da tarde, quando a festa estava começando. Nunca vou me esquecer da cara dele! Impagável! Seu queixo caiu e ele ficou branco como um fantasma. Paul realmente não conseguia acreditar, não conseguia entender. Meu irmão raramente fica atônito, mas naquela ocasião ele simplesmente não sabia o que dizer. Apenas ficou ali, totalmente espantado.

Por fim, voltou a si.

– Quer uma cerveja? – ele ofereceu.

Peguei a cerveja da mão dele.

– Feliz aniversário, cara! – cumprimentei, rindo.

Foi uma noite ótima. Depois dos drinques na casa dele, um grupo, incluindo nós dois, saiu e a festa continuou até altas horas.

No dia seguinte, expliquei a Paul o que eu tinha planejado para a Gandys.

– Os calçados estão lindos. Visitei a fábrica, andei negociando o preço, estou pronto para receber algumas peças na Inglaterra e vou reservar parte dos lucros para financiar projetos de assistência a crianças na Índia.

Eu também tinha uma estratégia de longo prazo para a caridade.

– Mais adiante, quero abrir uma casa em homenagem à mamãe e ao papai – expliquei.

Paul assentiu.

– Onde você vai vendê-los? – questionou.

– Na internet. Vou criar um site.

Esse era o plano inicial. A Gandys seria uma empresa on-line. Eu sairia para fazer promoção com panfletos e usaria as redes sociais. Criaria uma página no Facebook e uma conta no Twitter.

Paul ouviu atentamente.

– Seria legal ter você ao meu lado – falei. – A marca será grande. Os chinelos estão bem legais.

Eu sabia que daria certo. Estava cem por cento comprometido e já tinha investido dinheiro no projeto. Eu queria que Paul também estivesse envolvido, mas a decisão era dele. Também tinha planos de envolver Mattie. Ele tinha terminado a escola e estava estudando para ser um designer. Era muito talentoso. Tinha herdado o dom artístico de nossa mãe e tinha ambições de ser um artista gráfico. Também andava muito envolvido com sua música.

Em um primeiro momento, Paul se mostrou indeciso. Por que ele iria querer deixar para trás um trabalho bom e um salário decente na Austrália para apostar na minha ideia? Mas, quanto mais eu expunha as possibilidades, mais ele via o potencial do que eu estava fazendo. Gostou do conceito e da ideia de fazer algo com base em nossas viagens, construindo uma marca para retribuir ao mundo.

Só passei alguns dias com ele na Austrália antes de voltar à Inglaterra. Antes de ir embora, toquei outra vez no assunto:

– Poderíamos ser sócios. Seria nossa marca – propus.

Ele pensou por um segundo. Em seguida, sorriu.

– Está bem, vamos investir nisso.

A Gandys se tornou a gente, os irmãos Forkan. Fiquei contente por Paul estar comigo. Eu conhecia sua determinação e sabia que ela seria valiosa.

Paul precisou de seis meses para voltar. Tinha muitas pendências para resolver na Austrália, pois estava lá há alguns anos. Também queria aproveitar o verão no hemisfério sul e pegar o começo do verão na Inglaterra. Fazia sentido tê-lo de volta quando o tempo ficasse mais quente, pois eu imaginava que seria o ponto alto da temporada de venda de chinelos.

Encomendei o primeiro lote de quinhentos pares para o verão de 2011. Eu continuava trabalhando na CV Library, mas por fim assinei minha demissão e fui trabalhar com um amigo em Guildford, em sua empresa de recrutamento. A Gandys cada vez tomava mais do meu tempo, e eu não queria decepcionar Lee. O outro trabalho me dava mais flexibilidade para me dedicar à Gandys. Guildford também era uma cidade grande, com uma enorme população de estudantes, e imaginei que eu seria capaz de vender chinelos lá.

Quando Paul chegou, o site já estava no ar e Mattie havia criado um logotipo para nós, reunindo temas de nossa vida. Colocamos uma pegada para representar "Pegadas na Areia" e um passo na direção certa. Também colocamos uma borboleta, pois nossa mãe havia gravado borboletas com estêncil na van que tínhamos quando éramos crianças. Colocamos um martim-pescador, ave que era o símbolo da cerveja preferida do papai enquanto estava na Índia. E sentimos que as cores vivas deixavam clara nossa formação vibrante.

Tínhamos feito as malas e estávamos prontos para partir. Esperamos ansiosamente o primeiro estoque de chinelos chegar. A Gandys estava prestes a ser lançada.

CAPÍTULO 15

Problemas de principiantes

Quando o primeiro lote de calçados de juta chegou, minha reação inicial foi de decepção por eles não terem o padrão esperado. Meu coração afundou quando abri o primeiro pacote e puxei um chinelo. Não parecia o produto polido e de alta qualidade que eu tinha em mente. A sola abaixo da juta era de borracha reciclada e parecia ruim. O número referente ao tamanho estava escrito em caneta esferográfica e, mesmo para meus olhos inexperientes, parecia errado. Abri mais alguns pacotes e os tamanhos me deixaram preocupado. Alguns pareciam melhores que outros. Naquele exato momento, aprendi minha primeira lição sobre controle de qualidade. Se você planeja construir uma marca, precisar garantir que a qualidade seja consistente. Eu queria que meu produto fosse artesanal, mas isso significava inconsistências.

Transportamos os calçados no porta-malas do meu carro e os guardamos em casa. Então começamos a promovê-los nas redes sociais.

O primeiro par que vendemos foi comprado por alguém na Alemanha.

Fiquei animadíssimo quando o pedido chegou.

– Temos uma marca global aqui! – proclamei a um estupefato Paul.

Vendíamos os chinelos a 20 libras e, pouco a pouco, começamos a receber pedidos via internet. Verificávamos a caixa de entrada como falcões, esperando a alegria de outro pedido chegar. Ao fim do dia, empacotávamos os pedidos e Paul levava as caixas ao correio, no último horário. Era como uma empresa que vende no eBay.

Enquanto eu trabalhava com a logística, Paul se tornou a equipe de vendas. Ele andava por Guildford distribuindo panfletos e promovendo os chinelos.

Certa noite, saímos juntos. Os estudantes se divertiam pela cidade e nós usávamos nossos chinelos e camisetas com a mensagem "I love Gandys". Nossa aparência era ridícula; estávamos mais parecidos com dois hippies do que dois empreendedores.

Os estudantes bêbados com quem tentávamos conversar riam.

– O que vocês estão fazendo, idiotas? – perguntavam.

Quando explicávamos que tínhamos começado uma empresa e uma porcentagem dos lucros ajudaria a financiar projetos na Índia, eles gargalhavam.

– Chinelos Gandys… Isso nunca vai dar certo!

No dia seguinte, mudamos de estratégia e colocamos panfletos nos para-brisas dos carros nos estacionamentos; depois, voltamos para casa para ver se havia algum pedido no fim do dia. Essa era a nossa lógica.

Percebemos que não poderíamos nos limitar a Guildford e fomos além. Viajamos a Londres e entregamos panfletos em Clapham Common. Levei Rosie à praia de Brighton e vendemos alguns calçados ali.

Rosie sempre foi uma grande apoiadora da Gandys. Cresceu com o gene musical de nossa mãe e é uma excelente cantora e guitarrista. Enquanto se formava no ensino secundário, promoveu um evento de caridade no colégio para que levantássemos dinheiro para enviar à Índia. Ela tinha um grande círculo de amigos. Embora Paul e eu andássemos totalmente ocupados em desenvolver nossa empresa, ainda conseguíamos nos encontrar com nossos irmãos.

Paul também começou a procurar os varejistas, e obtivemos graus variáveis de sucesso com as pequenas lojas de Guildford. A primeira que concordou em estocar nosso produto se chamava Hemmingways. Até hoje tenho uma foto de nosso primeiro chinelo em uma prateleira. Não havia material ali para ajudar nosso produto a chamar a atenção. O único chinelo estava colocado ao lado de um panfleto explicando o que estávamos fazendo, mas misturado a várias outras marcas.

Embora os varejistas não nos descartassem logo de cara, aconselhavam-nos a buscar novas cores.

A essa altura, não mencionávamos o tsunami ou a nossa história. Não expúnhamos essas informações porque não queríamos fazer parecer que estávamos usando a tragédia para receber qualquer tipo de comiseração. Continuava sendo um assunto sobre o qual, em grande parte, não falávamos. Muitos dos amigos que tínhamos feito desde 2004 nem sequer sabiam que éramos órfãos. Com trabalho duro e determinação, vendemos nosso primeiro estoque naquele verão e, embora a juta do Gandys não tivesse se provado um sucesso por problemas de controle de qualidade (elas se partiam quando molhadas), recebemos o *feedback* de que nosso produto realmente tinha potencial. Desde então, alguns dos maiores varejistas nos disseram que gostaram dos chinelos. O designer Paul Smith e a loja French Connection demonstraram interesse pelo produto.

Amei aquele primeiro lote, de verdade, mesmo com as falhas; eram confortáveis e muito legais. Fico orgulhoso por terem sido o primeiro produto desenvolvido por nós. Apenas não eram tão práticos.

Provavelmente o que mais nos encheu de orgulho naquela época foi o fato de termos conseguido enviar dinheiro para um abrigo de crianças em Goa. Com nossa ajuda, eles puderam comprar equipamentos educacionais. Tínhamos feito uma diferença. Embora nos esforçássemos para vender o estoque, eu sabia que, para crescer, teríamos de revisar nosso produto, então reiniciei o processo de desenvolvimento, dessa vez analisando produtos de borracha. Encontrei um fornecedor na China e, durante o inverno, trabalhei longas e duras horas negociando e desenhando até alcançar um produto do qual me senti orgulhoso. Esse fabricante também conseguia entregar volumes muito maiores com uma qualidade consistente. Além disso, tinha capacidade de atender os pedidos rapidamente, então, se nosso estoque acabasse ou se recebêssemos um pedido grande, poderíamos entregar os produtos em cinco semanas – praticamente o tempo do frete. A qualidade dos calçados e dos pacotes começou a melhorar, e agora parecíamos uma marca "de verdade". Tínhamos energia e precisávamos seguir em frente, então rapidamente desenvolvemos produtos para a primavera seguinte. Aprendi sobre logística e fluxo de caixa. Precisávamos fazer pedidos com antecedência. Cada vez mais percebíamos que os varejistas eram nossa maior chance de conquistar grandes pedidos. Quando trabalhávamos com quinhentos pares, podíamos nos permitir vendê-los pela internet, mas queríamos vender milhares, e não centenas deles. Para fazer isso, precisávamos contar, além da internet, com as lojas físicas. Elas encomendavam com antecedência, então precisávamos de estoque disponível para atender os pedidos. Isso significava pagar pelo produto e esperar para receber do varejista; o espaço de tempo entre quando nós pagávamos o fornecedor e o varejista nos pagava chegava a ser de até nove meses. Precisávamos fazer o marketing do produto e criar apelo colocando-o em revistas e outras mídias. Também precisávamos nos manter fiéis ao nosso valor central: a Gandys não só fazia chinelos legais, mas também era uma empresa social.

Nós nos mudamos. Sabíamos que haveria muito mais oportunidades em Londres, então Adam Burbridge (meu amigo de Fleet) e eu alugamos um apartamento em Brixton, pois ele também queria se mudar. Num primeiro momento, Paul alugou um quarto em Streatham, próximo de nós, mas depois de algum tempo veio morar com a gente – afinal, era desnecessário pagar dois aluguéis em vez de um. Precisávamos de todo o dinheiro que pudéssemos reunir para manter a marca. O apartamento só tinha dois quartos, então Paul e eu nos alternávamos entre dormir no quarto e no sofá da sala. Adam se divertiu com toda a situação.

Ele apoiava o que estávamos tentando criar, mas também nos achava loucos. Certamente aquele apartamento não era um ambiente fácil para ele. Pouco a pouco, a Gandys passava a ocupar todo o espaço.

Paul e eu continuávamos trabalhando em outros empregos durante o dia. Ele em uma loja de tintas, eu em uma empresa de *softwares* em Canary Wharf (que eu havia descoberto por meio da CV Library). Foi uma época estressante. Depois do trabalho, nós dois dedicávamos nossas noites à Gandys.

Logo depois que nos mudamos para o apartamento, Paul dirigia em New Forest, Hampshire, voltando de uma visita a amigos, quando seu carro saiu da pista. Ele seguia a mais ou menos 100 km/h e bateu em um orelhão. A força do impacto destruiu o carro. Por sorte, meu irmão saiu com apenas alguns arranhões e hematomas. O policial que foi até a cena disse que Paul teve sorte por ter saído vivo. Era uma afirmação que tínhamos ouvido muitas vezes antes. Alguém o observava lá de cima naquele dia, e acho que a experiência fortaleceu sua mente. Ele ficou ainda mais comprometido em transformar a Gandys em um sucesso e começou a passar cada hora livre fazendo prospecção de lojas e *outlets* na capital, tentando convencê-los a estocar nossos chinelos.

Tínhamos algo que, em nossa maneira de pensar, certamente nos dava uma característica competitiva. O mundo estava louco pelos iPads. Paul comprou um de segunda mão na esperança de que aquilo lhe daria um ar *cool* quando ele entrasse nas butiques independentes às quais planejávamos chegar.

Assim começou nossa incursão pelo mundo fashion de Londres. Estávamos em uma curva íngreme de aprendizagem. Começamos com uma ideia, desenvolvemos um plano, equipamo-nos da melhor forma possível e nunca perdemos nosso objetivo de vista. Acreditávamos no que estávamos fazendo. Não duvidávamos de nós mesmos e tínhamos objetivos grandes. Não éramos ingênuos; sabíamos contra quem estávamos competindo, afinal, tínhamos feito nossa lição de casa. Se você entrasse em lojas grandes como Office ou Sole Trader e olhasse as fileiras de sapatos, veria Nike, Converse (que é de propriedade da Nike), Vans – enfim, todas essas marcas grandes. Essas lojas não eram exatamente rápidas para dar espaço em suas prateleiras a *start-ups* novas e independentes.

Escolhemos um lugar: Spitalfields Market, em East London. Era uma área reconhecida pela moda de ponta e repleta de jovens designers e lojas independentes. Seria inútil tentar vender às grandes redes sem provarmos que tínhamos um volume de vendas. Queríamos estabelecer nossa marca primeiro com as lojas da elite fashion para termos mais sucesso quando chegássemos a mercados maiores.

Tentamos pensar em truques para sermos notados. Paul fez alguns *cupcakes* na cozinha de um amigo para dar aos compradores na esperança de assim conquistá-los. Também tentou construir um estande, que, francamente, era bem tosco.

Na noite que precedeu a primeira incursão séria de vendas de Paul, nós nos sentamos ao computador e criamos um livreto que contava a história da nossa marca. No material, explicávamos quem éramos e incluímos uma frase contando que havíamos estado no cenário do tsunami e que ajudávamos crianças órfãs.

O jeito de se vestir de Paul às vezes pode ser descrito como peculiar. Antes de partir para a parte *hype* da cidade, ele decidiu que precisava estar vestido a caráter. Então criou um *outfit* que esperava ser capaz de defini-lo como jovem criador de tendências. Usava um blazer, calça colorida, sapatos, meias coloridas e gravata. Para mim, Paul estava parecendo um idiota. Tendo em mente que nosso produto não era considerado *cool* na época, a lógica de meu irmão era que, se ele saísse com uma aparência *cool,* faria o produto parecer *cool.* E funcionou. A primeira loja visitada fechou um pedido. O cliente acreditou que, se meu irmão tinha aquela aparência e um iPad, os calçados deviam ser bons.

Enquanto definia os detalhes do pedido, ele foi abordado por duas garotas que olhavam a loja. Claramente atraídas por seu modelito, explicaram que estavam criando um *lookbook* para a revista em que trabalhavam (uma representação em imagens do que era considerado legal pelas ruas) e pediram para tirar uma foto.

Ele concordou e também entregou algumas cópias do livreto que tínhamos criado na noite anterior.

Naquela primeira semana, Paul telefonou com uma determinação feroz para toda a capital. Algumas pessoas riram, outras adoraram a marca e se interessaram pela história por trás dos calçados. Aonde ia, ele entregava panfletos promovendo os chinelos Gandys. Quando não estava trabalhando, eu o acompanhava. Ao fim da semana, ele havia conseguido uma quantidade surpreendentemente decente de pedidos. Estávamos muito felizes.

Enquanto tomávamos algumas cervejas na sede da Gandys em uma noite de sexta-feira, fizemos um balanço. Sabíamos que nosso produto ainda não estava perfeito e que o site não estava tão bom quanto poderia ser, mas, mesmo assim, recebíamos mais críticas positivas do que negativas. E, para ser sincero, ignorávamos as negativas. Não era da nossa natureza ficar remoendo coisas ruins. Percebemos que, como recebíamos todos aqueles pedidos mesmo enquanto batíamos à porta das lojas com um produto que podia ser aperfeiçoado com mais investimentos, então, se pudéssemos investir mais capital, havia grandes chances de competir com os grandes da indústria.

O problema era o fluxo de caixa. Estávamos presos no Ardil 22 em que pequenos designers e fabricantes se encontram. Se um grande pedido chegasse, não contávamos com estoque e tínhamos que avisar o fabricante na China, que então produziria os chinelos e os enviaria para a Inglaterra. Pagaríamos o fabricante, mas teríamos que esperar para receber do varejista. Precisaríamos de muito capital para atender a um grande pedido. Sabíamos que, se quiséssemos seguir em frente e expandir, precisaríamos de mais investimento.

Eu estava lutando com esse pensamento quando, alguns dias depois, recebi um e-mail que reforçou o grande potencial que a Gandys tinha. Era uma mensagem do Arcadia Group PLC, o maior varejista de moda do Reino Unido, proprietário das lojas Topshop, Topman, Burton, Miss Selfridge e Wallis. As duas garotas que haviam se interessado pelo figurino excêntrico de Paul trabalhavam como olheiras da multinacional e falaram sobre nossos chinelos e o *ethos* por trás deles. Os compradores da Arcadia gostaram do que viram e se mostraram interessados em colocar nosso produto em uma de suas cadeias de lojas. Queriam saber sobre nossos preços e estoques.

Ler aquele e-mail foi uma alegria enorme e ficamos lisonjeados ao perceber o interesse de uma loja tão grande. Algumas empresas passavam anos lutando para atrair a atenção dos grandes varejistas. Nós fazíamos chinelos há pouco mais de um ano e já tínhamos atraído a curiosidade da maior rede de lojas do país, que agora nos oferecia uma proposta séria. E ganharíamos dinheiro rápido se a aceitássemos. Mas a Gandys era e é muito mais do que os lucros. Para financiar o orfanato que eu queria criar, precisávamos garantir que a marca tivesse longevidade. Precisávamos tornar nossos chinelos um produto bacana para que ele fosse e continuasse sendo vendido ano após ano. A rede de lojas na qual a Arcadia estava nos oferecendo espaço não estava de acordo com nossa visão. Não era suficientemente jovem e descolada.

Discutimos demoradamente e pensamos muito sobre a proposta. Sabíamos que a atitude correta para o tipo de empresa que queríamos criar era recusar, com elegância, a oferta.

Provocamos um ao outro durante uma semana.

– Você responde – eu dizia a Paul, passando-lhe o telefone.

– Não, você responde – ele rebatia, jogando o telefone de volta para mim.

Nenhum de nós tinha coragem de telefonar para o cliente e rejeitar a oferta. Então deixamos a questão em suspenso.

Porém, esse interesse me fez perceber que a Gandys tinha um potencial verdadeiro. Por isso, no dia seguinte, entreguei minha carta de demissão no trabalho. Eu precisava me dedicar em tempo integral à nossa empresa e, embora isso fosse uma grande aposta – afinal, ainda tínhamos que pagar o aluguel e as contas –, não hesitei. Deixei meu emprego na esperança de que estava no caminho certo para uma nova e estimulante aventura.

Passei a fazer parte, com Paul, da equipe de vendas em tempo integral. A equipe era composta apenas por nós dois. Dividíamos as amostras; Paul ficava com o pé esquerdo; eu, com o direito. Entregamos panfletos pela cidade e telefonamos para as lojas. Enviamos cartas e e-mails para os chefes das maiores lojas nas quais queríamos ver nossos chinelos.

A sala da nossa casa em Brixton havia se tornado a sede internacional da Gandys. Tinha três metros quadrados e estava tomada por caixas de chinelos, parafernália de negócios e material de marketing. Negociávamos com a China usando um computador na área do café. As paredes eram decoradas com pontos de venda da Gandys e com nosso quadro dos "pés famosos que desejamos", que era basicamente uma colagem de fotos de pessoas que queríamos ver usando a nossa marca – incluindo David Beckham, Kate Moss e os ícones de costumes. A mesa da cozinha também funcionava como mesa de trabalho de Paul.

Nossos métodos eram tão heterodoxos quanto possível no mundo corporativo. Aparecíamos sem avisar para tentar conseguir uma reunião com as pessoas mais importantes do país. Certo dia, Paul telefonou sem avisar para Philip Green, chefe da Arcadia e um dos homens de negócios mais influentes do mundo. Fomos ao escritório de Green com alguns de nossos chinelos e tentamos uma reunião. Embora tivéssemos recusado uma das redes da Arcadia, ainda queríamos nosso produto na Topman.

Criamos um plano para que nossos chinelos marcassem presença nos Jogos Olímpicos de Londres, em 2012. Entramos em contato com a equipe de Usain Bolt e perguntamos se ele poderia usar um par de Gandys enquanto entrasse na prova final dos cem metros (partimos do pressuposto de que ele estaria na final). Telefonamos para grandes empresas de investimento. A maioria riu da nossa cara e nos disse que ainda não estávamos maduros, e que levaríamos anos e anos para provar nossa resiliência no competitivo mercado de varejo antes de alguém sequer considerar nos apoiar com capital.

Mas seguimos com nossas incursões. A Joy, uma rede de vinte lojas nos bairros mais bacanas de Londres, começou a manter estoques dos chinelos Gandys. Outros seguiram o exemplo e, dentro de alguns meses, estávamos presentes em quarenta lojas diferentes, lutando para financiar a demanda. Investimos muito dinheiro criando o site, a marca e a caixa do produto. A necessidade de fluxo de caixa tornou-se ainda mais urgente. Recebemos um pedido grande e não conseguimos bancá-lo.

Juntos, fizemos enormes esforços para conseguir capital. Paul usou parte de sua herança e encomendamos alguns pares com urgência. Sem nosso consentimento, o fabricante entregou nossos produtos a um agente de transporte inglês que nunca tínhamos usado antes. Esperamos ansiosamente a chegada de um contêiner da China. Pegamos o estoque em Portsmouth em uma van alugada e o entregamos aos varejistas. Fazíamos tudo com nossas próprias mãos.

Quando a carga chegou ao porto e o agente nos avisou, percebemos que queriam cobrar um valor enorme pela entrega. Nós nos recusamos a pagar.

"Essa é a nossa tarifa. Paguem ou não entregaremos", foi o que nos disseram. E, para complicar ainda mais a situação, a empresa nos explicou que cobraria a armazenagem por cada dia que os calçados ficassem com eles.

Nunca tínhamos usado aquela empresa antes, nem aceitado aquele preço. Nosso orçamento era tão apertado que não podíamos nos dar ao luxo de pagar o valor extra. E também parecia muito injusto. O cara com quem estávamos lidando era terrível. Não aceitava nada. Tentamos apelar de todo jeito e explicamos que estávamos apenas começando. Tínhamos 12 mil libras em produtos presos em um armazém e uma loja ansiosa por colocar nossos chinelos na prateleira. Os calçados tinham sido sequestrados.

Foi uma época incrivelmente estressante. Enquanto tudo isso acontecia, eu estava uma noite em um clube noturno quando senti as paredes se aproximando de mim. Senti-me ansioso, com calor, estressado. A coisa foi piorando, piorando, até que finalmente me vi outra vez no Sri Lanka, em pânico, desesperado por escapar. Não me lembro de quem me ajudou a sair do clube nem do que aconteceu depois, quando minha frequência cardíaca se estabilizou. Fiquei exausto e dormi durante grande parte do dia seguinte. Não tinha um flashback há muito tempo, e a experiência me abalou.

Por fim, entramos em contato com outra empresa de logística. Um amigo trabalhava nessa empresa e conversou com seu chefe sobre nossa situação. Fizemos um acordo com o cara e dissemos que, se ele nos ajudasse a sair daquela situação terrível, usaríamos sua empresa em negócios futuros.

Ele negociou com a outra companhia e lhes disse discretamente que estavam sendo injustos. Por fim, chegamos a um consenso. Mesmo assim, aquele problema nos custou muito mais do que o esperado, e tivemos que contar com a ajuda de outras pessoas para conseguir o dinheiro. Sabíamos que ele seria recuperado, porque tínhamos o pedido da Joy. Angus, nosso amigo da Austrália, era uma das pessoas que se ofereceu para ajudar com o dinheiro para quitar a dívida. Outras pessoas também nos ajudaram. Ainda hoje somos muito gratos por isso.

A entrega foi liberada e os chinelos Gandys seguiram para as prateleiras de seu primeiro grande varejista. Fazê-los chegar às lojas foi uma corrida contra o tempo. Estava calor e a Joy queria os calçados expostos. Alugamos uma van e fizemos as entregas. Depois, passamos duas noites na parte de trás da van estacionada na frente do nosso prédio em Brixton colocando códigos de barras em cada caixa para economizar tempo. Essas atividades noturnas, somadas ao número de entregas que recebíamos no apartamento, acabavam fazendo com que chamássemos mais a atenção do que nossos vizinhos gostariam. E eles não ficaram nada felizes. Precisávamos encontrar outro lugar para nos instalar.

Foi uma curva íngreme de aprendizagem. Estávamos lisos e precisávamos de capital para seguir em frente.

CAPÍTULO 16

Como avançar com os negócios

A Gandys havia tomado nossa vida e nossa casa. A essa altura, havíamos investido mais ou menos 15 mil libras de nossas economias no projeto. Em casa, trabalhávamos em horários incomuns, outro motivo pelo qual Adam se mostrou um anjo. Cada vez fazíamos contato com nosso fornecedor na China com maior frequência, então funcionávamos no fuso horário do Oriente, trabalhando nas primeiras horas da manhã, recebendo pedidos, enviando e-mails aos nossos contatos e aprimorando os designs.

Continuamos enfrentando a reserva inerente das grandes empresas, que nos diziam que não estávamos suficientemente estabelecidos, que seria uma aposta estocar nossos produtos. Ouvimos isso várias e várias vezes, o que me faz questionar se esse modo padrão de extrema prudência não é um dos motivos de a economia se mostrar tão lenta para se recuperar depois da recessão de 2008. A ambição é naturalmente sufocada e fica muito difícil para as *start-ups* jovens alcançarem todo seu potencial.

Por sorte, nós dois tínhamos herdado o espírito indomável de nossos pais e, assim como eu, Paul estava imbuído de um desejo natural de aprender e de uma coragem conquistada a duras penas depois do tsunami. Sabíamos que éramos sobreviventes e que, com determinação e motivação, superaríamos os obstáculos. Dividíamos uma visão comum e queríamos fazer algo que honrasse nossos pais e se encaixasse no espírito de oferecer algo ao mundo – espírito que eles haviam engendrado em nós. Continuávamos imperturbáveis por todos os que duvidavam do que estávamos fazendo.

Nossos esforços não passaram despercebidos. Recebemos uma carta do departamento legal de um de nossos concorrentes informando que parte do nosso design infringia seus direitos autorais. Foi a primeira de várias correspondências da empresa. Também recebemos um telefonema do advogado deles, que, para ser justo, era um cara decente e até nos elogiou pelo que estávamos tentando alcançar.

Nossa reação foi dupla. Por um lado, foi um momento muito estressante e preocupante de nossa vida. Porém, por outro lado, quase aceitamos como um cumprimento o fato de uma grande empresa nos enxergar como atores sérios no mercado. Estávamos sendo vistos como uma ameaça comercial viável. Entendemos que, se a oposição não sentisse que nosso produto tinha potencial, não se incomodaria em entrar em contato.

Quanto mais analisávamos o problema, mais complexa a situação parecia se tornar. Embora ninguém detenha os direitos autorais de um produto específico, é possível ter os direitos do design usado e do estilo desenvolvido.

Quando começamos a trabalhar em nossos chinelos, pesquisamos o mercado e analisamos outros produtos que eram vendidos nas prateleiras dos varejistas em que queríamos nosso produto. Porém, havíamos inadvertidamente nos colocado em uma situação na qual existia um problema que tínhamos de enfrentar.

Num primeiro momento, pensamos que poderia haver uma forma de contornar a situação. Porém, finalmente precisamos enfrentá-la; embora nosso produto tivesse um marketing diferente e nome distinto, existia, sim, certa semelhança.

Mudar nosso design seria dispendioso em um momento no qual mal podíamos gastar, mas não tínhamos escolha. De fato, tudo aquilo parecia muito caro, e já tínhamos investido muito dinheiro. Chegamos a passar por momentos em que nos perguntamos se teríamos de desistir dos nossos sonhos. Era o problema mais complicado que nosso negócio incipiente havia enfrentado.

Decidimos que não poderíamos deixar aquilo ser o fim. Precisávamos voltar à prancheta de desenho. Os novos moldes a serem usados no processo de manufatura nos custaram uma quantia dolorosamente alta. E apostamos em um design com uma corda que era muito mais parecido com os primeiros calçados de juta produzidos. Porém, dessa vez, usaríamos borracha, então a qualidade seria mais consistente.

Não tenho ressentimentos pela outra empresa e pelo que fizeram. Ao longo dos anos, vinham investindo muito dinheiro desenvolvendo sua marca e tinham todos os direitos de protegê-la. E, mais do que qualquer coisa, o episódio nos deixou mais motivados. Não queríamos causar problemas ou chatear as pessoas. Queríamos provar que éramos capazes de criar uma empresa social de sucesso e que poderíamos fazer isso do nosso jeito. Mas agora percebíamos que precisávamos de mais investimentos. Jamais alcançaríamos o nível que queríamos dentro do cenário financeiro em que estávamos. Em termos de capital, trabalhávamos no limite, usando o dinheiro de um pedido para financiar o próximo. No papel, estávamos ganhando dinheiro, mas, por conta do fluxo de caixa confuso, parecia que nunca tínhamos fundos para investir. Precisávamos de mais capital, mas as grandes empresas de investimentos que procuramos riram da nossa firma.

As coisas estavam prestes a chegar a um ponto em que era tudo ou nada e, certa noite, Paul e eu nos reunimos no apartamento e tivemos uma conversa séria.

– Não sei como pagaremos o aluguel do próximo mês – expus com franqueza.

Pensativo, ele esfregou a mão na bochecha.

– De quanto você acha que precisaremos para arcar com os pedidos que temos e para poder expandir?

Eu tinha procurado o tipo de empresa do nível que aspirávamos ser, como a marca de sapatos TOMS e a loja de sucos Innocent. Eram empresas voltadas para as pessoas, éticas, com um *ethos* similar ao nosso. Cada uma havia investido algo entre 200 e 300 mil libras para começar a funcionar, colocar um site no ar e promover sua marca e seus produtos. Para aprimorar nosso produto e atender os pedidos que vínhamos recebendo, calculei que precisaríamos de um nível similar de investimento.

– Tenho uma ideia – falei a Paul. – Brothers' Den!

Curioso, ele arqueou a sobrancelha e acenou para que eu continuasse.

– Mais ou menos como no programa de TV Dragons' Den, no qual as pessoas buscam financiamento para seus projetos – expliquei.

O plano era o seguinte: convidaríamos investidores para reuniões, contaríamos nossa história, falaríamos sobre nosso empreendimento e os convidaríamos para nos dizer por que deveríamos aceitar suas ofertas de investimento. Cuidadosamente pesquisaríamos e encontraríamos pessoas com visões similares à nossa. Metade do nosso problema era sermos notados. Eu acreditava que a ideia do Brothers' Den era suficientemente curiosa para atrair a atenção. Paul concordou.

Havia um pub chamado Grand Union descendo a rua onde morávamos. Aos fundos, existia um jardim para tomar cerveja onde o pessoal do pub havia instalado algumas cabanas como aquelas de praia. Era o local ideal para realizarmos as reuniões do Brothers' Den.

Passei um mês pesquisando o tipo de pessoa que acreditava ser compatível com nossa empresa. Li artigos na imprensa, encontrei contatos no LinkedIn, busquei pessoas que falavam sobre empreendedorismo social. Também encontrei quem havia estado no programa de TV *Secret Millionaire,* no qual benfeitores vão disfarçados a áreas necessitadas para investigar quem precisa de sua ajuda.

Criei uma lista de cem pessoas, incluindo produtores de TV, diretores de empresas, gerentes de lojas e celebridades. Escrevi um e-mail esperando chamar a atenção. No texto, expliquei o que tínhamos alcançado em termos de pedidos e volume de negócios e quais eram nossas projeções. Detalhei os grandes varejistas da moda com quem vínhamos conversando e as quarenta lojas nas quais já tínhamos exposto nossos produtos. Também ofereci breves detalhes sobre nossa vivência e contei que tínhamos nos tornado órfãos e que estávamos usando nossos lucros para financiar um abrigo para crianças na Índia. E incluí um convite: "Se estiverem interessados, se quiserem nos ajudar e se tornarem parte do que estamos fazendo, mandem notícias".

Conseguimos algumas boas respostas. No mundo dos negócios, se você quer atrair atenção, precisa fazer algo criativo. Existem muitas vozes querendo ser ouvidas e, se quer atrair os olhares, você precisa gritar mais alto do que os demais. O Brothers' Den alcançou o que eu esperava e, embora a maioria das respostas fosse educada, mas não encorajadora, recebemos sete respostas de pessoas interessadas. Convidamos todos para comparecerem às cabanas em Brixton.

Ao longo de uma semana, Paul e eu nos encontramos com sete possíveis investidores. Era o verão de 2012 e nós usávamos nossos chinelos. Dentro da cabana, expusemos algumas amostras e muitas imagens de pontos de vendas. Não pedimos uma soma específica em dinheiro a nenhum dos candidatos. Em vez disso, perguntávamos, na opinião deles, do que a empresa precisava para prosperar. Das sete pessoas com quem conversamos, três ofereceram investimentos substanciais, valores que fariam uma grande diferença.

Era impressionante estar diante da possibilidade de levar a Gandys ao próximo nível, então decidimos não tomar nenhuma decisão apressada. A questão não era quem oferecia mais em termos de soma financeira, mas quem poderia nos ajudar a fazer nossa empresa crescer. Decidimos que, dos três candidatos em potencial, poderia ser vantajoso reunir dois à mesa, da mesma forma como os investidores no Dragons' Den muitas vezes se unem para financiar um negócio. Supusemos que duas pessoas com habilidades diferentes poderiam funcionar bem, então consideramos a hipótese de contar com mais do que apenas um único investidor.

Convidamos os dois para comparecerem a um hotel em Surrey para se conhecer e discutir uma possível colaboração. Esperávamos uma reunião de negócios tranquila. O que não levamos em conta era que, como homens de negócios bem-sucedidos e independentes, ambos eram machos alfa com certo grau de ego comercial. Eles começaram a discutir sobre seus respectivos negócios e suas ideias distintas sobre que tipo de investimento a Gandys deveria receber. Ambos abordaram a questão como concorrentes e não como parceiros, e houve muita competição dos dois lados. Eles deveriam nos fazer perguntas, mas Paul e eu acabamos sentados assistindo aos fogos de artifício. Olhando para trás, a situação parece cômica, mas, naquele momento, foi ligeiramente desconfortável. Depois de uma hora de desastre, na qual a discussão várias vezes ameaçou se tornar uma guerra de palavras, eles concordaram em fazer uma pausa e nós dissemos que entraríamos em contato quando chegássemos a uma conclusão.

Mais tarde naquela noite, um dos rapazes da reunião do hotel nos telefonou. Seu nome era Dominic List e tínhamos imediatamente gostado dele quando o conhecemos no Grand Union. Dominic era um dos candidatos que encontrei quando buscava as pessoas que tinham aparecido no programa de TV *Secret Millionaire*. Contava com um sólido histórico pegando empresas pequenas e rapidamente as transformando em negócios de milhões de libras. Além de suas credenciais comerciais falarem por si mesmas, ele tinha um modo de pensar similar ao nosso quando o assunto era retribuir algo ao mundo. Era um grande filantropo e apoiava várias instituições de caridade, muitas focadas em encorajar e capacitar jovens. Essas instituições buscavam levar os jovens a concentrar suas energias em desenvolver sua confiança e suas habilidades para terem sucesso na vida.

Dominic falou comigo ao telefone:

– Não tomem nenhuma decisão ainda. Não assinem com ninguém. Venham à minha casa para conhecer minha esposa e almoçar.

No dia seguinte, fizemos isso.

Ele explicou que assim que nos conheceu e viu o que estávamos fazendo, quis ir adiante conosco.

– Vocês têm todos os ingredientes, só precisam de alguns ajustes – falou.

Descobrimos mais sobre o tipo de pessoa que ele era. Dominic nos contou que deixava membros de sua equipe tirarem dias de folga para fazerem trabalhos de caridade e que adorava viajar. Tinha morado na Tailândia e realizado trabalhos de caridade no país. Sua empresa, a Comtact, dava descontos a empresas de caridade e ele também fazia trabalhos sem cobrar. Seus valores e os nossos eram os mesmos e, quanto mais o conhecíamos, mais gostávamos dele. Dominic tinha nossa visão de retribuir e ficava feliz com isso, ao passo que outros possíveis investidores haviam exposto uma preferência pelo tipo mais tradicional de caridade, no qual uma empresa primeiro ganha dinheiro e só então faz doações. Sempre prometemos colocar nosso dinheiro no orfanato que fundaríamos conforme progredíssemos.

Dominic nos convidou a ir a seu escritório para conhecer sua equipe. Queria que nos sentíssemos à vontade com ele e que mantivéssemos um relacionamento que ultrapassasse o de parceiros de negócios. Entregar parte da empresa que tínhamos criado a outra pessoa foi uma decisão difícil porque, para nós, não se tratava apenas de uma companhia. Desde a primeira vez que tive a ideia dos chinelos Gandys, a empresa pertencia a Paul e a mim. Era nossa vida. Era nossa homenagem a nossos pais. Tínhamos feito tudo o que estava ao nosso alcance para garantir que o espírito aventureiro e caridoso deles se fizesse presente no DNA da empresa, assim como estava presente em nosso DNA, e era vital que quem participasse do negócio conosco entendesse e respeitasse isso. Dominic entendia e respeitava. Sabia o que aquilo significava para nós e sabia o que era necessário para a empresa se desenvolver e alcançar todo o seu potencial.

Ele fez uma oferta substancial para ajudar a marca a crescer. Um investimento decente, mas ainda não era o quanto algumas pessoas pediriam para criar uma marca nacional. Em troca disso, ficou com 35% da empresa. Não nos deu uma mala de dinheiro; quando precisávamos de capital, ele liberava. Num primeiro momento, só gastamos o necessário. Financiamos uma van e colocamos nosso logo. Ela não passa despercebida pelas ruas de Londres. Fizemos as alterações necessárias no nosso design e melhoramos o site. Passamos a procurar funcionários e um espaço para o escritório. E estávamos livres das limitações do fluxo de caixa que nos impediam de atender pedidos maiores. Dominic nos guiou, mas não questionava o que estávamos fazendo. Também ofereceu aconselhamento e apoio.

Eu não tenho a menor dúvida de que foi por nossa criação nada convencional e por nossos pais que conseguimos transformar a Gandys de uma ideia louca em um negócio viável. Nossas experiências, as boas e as ruins, tornaram-nos resilientes. Não nos desanimávamos por ter de trabalhar durante horas incrivelmente longas para criar uma empresa da qual nos orgulhássemos e que era resultado de termos sido lançados tão novos no mundo real. Não somos ingênuos: cometemos (até hoje) erros, mas aprendemos rapidamente com eles. E raramente cometemos o mesmo equívoco duas vezes. Nossos pais sempre nos estimularam a nos envolver com seus negócios. Quando estávamos na Índia, papai sempre buscava oportunidades de trabalhar com exportação, e eu ajudava nas negociações. Sentava-me à mesa de reunião com os fornecedores e questionava os processos. Quando éramos crianças, nossos pais nos encorajaram a ser observadores e estimularam o dom da curiosidade. Aprendemos a ter determinação e veracidade, e foram essas qualidades que transferimos às nossas negociações e que nos permitiram definir os problemas, buscar soluções e seguir em frente. Por esses motivos, a Gandys é tanto a cara de nossos pais quanto a nossa.

Fomos extremamente afortunados por termos encontrado alguém que compartilhava nossos valores e nossa visão e que pôde nos ajudar a dar o próximo passo.

CAPÍTULO 17

Garotos do Tsunami

A contribuição de Dominic foi inestimável em termos do quanto nos ajudou a expandir e atender aos pedidos que começavam a chegar. Ter fluxo de caixa disponível facilitou as coisas e permitiu que enxergássemos nosso negócio crescente de forma mais ampla, em vez de apenas enfocar cada pequeno detalhe. O simples fato de agora termos a van já ajudou muito. Não precisávamos mais alugar caminhonetes!

A marca estava ganhando força. Criamos um material de marketing maior e melhor. Os estandes nos quais pendurávamos nossos chinelos nas lojas que os vendiam agora ficavam na área das vendas. Nosso produto não estava mais escondido nas prateleiras. Enviamos informações a revistas do mundo fashion e passamos a ser mencionados em publicações sobre moda. O contrato com a Joy fez novos estoquistas aparecerem. Nosso plano estava funcionando. Os chinelos Gandys agora eram vistos nos lugares certos e pelas pessoas certas.

Dominic nos forneceu conselhos vitais e se transformou em um bom amigo, além de conselheiro experiente. Com nossa marca crescendo, passamos a conquistar novos negócios.

Expandimos nosso portfólio. Passamos a trabalhar com sete cores e acrescentamos outras, além de novos designs. Acabamos por nos tornar os *nerds* dos chinelos. Aprendemos tudo que havia para aprender sobre a fabricação desse tipo de calçado, o que nos ajudou a criar os produtos que as pessoas queriam. Em vez de plástico ou espuma vinílica acetinada (EVA ou espuma de borracha), usamos borracha, pois é mais leve e mais confortável. Nossos calçados eram mais macios do que a maioria dos outros no mercado. O fato de serem chinelos não significava que precisavam ser desconfortáveis. Brincamos com os designs e buscamos o local ideal para prender a correia à sola, de modo a tornar nossos chinelos mais adaptados ao pé e evitar que batessem, aumentando, assim, a durabilidade.

Descobrimos que, para nos mantermos à frente em um ambiente competitivo, precisávamos inovar e nos adaptar. A cada estação criávamos novas coleções.

Depois de vários meses em busca do local perfeito, encontramos novas instalações e, por fim, deixamos o apartamento em Brixton. Foi triste dizer adeus. Foi ali que tudo começou para nós, e ainda temos boas memórias daquele espaço. Mas os vizinhos provavelmente ficaram menos tristes de nos ver pelas costas.

Mudamos para o prédio de uma escola reformada em Clapham que combinava espaços para escritórios com áreas de convivência e era muito mais prático do que Brixton; ali, havia espaços criados de acordo com os propósitos de cada um. Também moramos naquele local para ajudar a encurtar os gastos. Passamos a procurar funcionários, começando com um e contratando vários aos poucos. Algumas manhãs, eles tinham de bater à porta para começar a trabalhar, porque um de nós estava saindo do banho. O caminho até o escritório era bem rápido!

Foi um verdadeiro desafio encontrar pessoas jovens que se adequassem ao *ethos* da Gandys. Tivemos uma sorte especialmente grande com uma das primeiras pessoas que contratamos. Dominic nos ajudou a organizar uma competição empresarial na Plymouth University, onde ele se formara. Becky teve de enfrentar uma viagem de ônibus de quatro horas para participar das entrevistas. Depois de um breve estágio, ela pediu aos professores para deixarem-na estudar à noite, para que pudesse seguir trabalhando conosco. Becky é nossa funcionária mais antiga, e é brilhante.

O primeiro grande pedido veio da loja on-line USC. Vínhamos procurando os compradores da loja há semanas: batendo à porta, enviando e-mails e telefonando na esperança de conseguir um encontro no qual pudéssemos apresentar-lhes nossos produtos. Tínhamos certeza de que, assim que entrássemos pela porta da frente, conseguiríamos conquistar um pedido com a força do Gandys. Por fim, vencemos pelo cansaço e conseguimos uma reunião com um dos funcionários sênior, um homem chamado Ian. Fomos ao encontro usando nossos chinelos, contamos um pouco da nossa história e apresentamos nossos produtos, nossos valores e nossa visão.

– Gosto do que estão tentando fazer – ele nos disse. – Vou apostar em vocês.

Tentamos conter nosso entusiasmo, escondendo-o atrás de uma fachada de profissionalismo.

Ian pegou a calculadora e começou a definir as margens.

– Vou dar a primeira chance e vocês se lembrarão para sempre deste dia, pois será um efeito dominó – declarou, sorrindo.

Para fazer o teste, ele encomendou um grande estoque. Em dezoito meses, passamos de entregadores de panfletos nas ruas que corriam para casa para ver se haviam feito alguma venda na internet para profissionais diante de um grande varejista dizendo "sim".

Ian estava certo. Depois daquilo, nos tornamos ainda mais aplicados e conquistamos contratos com alguns dos maiores varejistas do Reino Unido, e também com as melhores lojas de departamentos. Topman, Office, Accessorize, todas tinham o nosso produto. Na Selfridges, criamos nosso próprio estande e vitrine; na House of Fraser, em Oxford Street, criei um jardim da Gandys com grama sintética e oferecemos pedicure de brinde a todos os que comprassem um par. Firmamos uma parceria com a loja de departamentos Liberty e fizemos uma coleção exclusiva para eles. Criamos truques de marketing. Celebramos o Dia Nacional do Chinelo.

Fui à China. Paul e eu participamos de reuniões com varejistas em Nova York e Los Angeles. Começávamos a nos aproximar do sonho de conseguir abrir um abrigo para crianças na Índia no décimo aniversário do tsunami.

Uma das maiores alegrias era ver as pessoas usando nossos calçados. Ainda fico orgulhoso, e hoje muita gente os usa.

A primeira vez aconteceu em Brixton; eu estava com Rosie. Andávamos pela High Street e duas pessoas passaram, ambas usando Liberty Gandys com estampa de caxemira. Tínhamos criado aquele modelo com a tinta acabando. Mas funcionou. Cutuquei Rosie e nós dois ficamos olhando. Foi incrível!

Um pouco depois, Paul viu alguém usando os chinelos no metrô de Londres. Fez um comentário e perguntou ao homem onde ele tinha comprado.

– Na Sole Trader – foi a resposta. Quando Paul perguntou o que havia de bom nos chinelos, o cara respondeu que os tinha comprado por parecerem legais.

Agora, já vimos pessoas usando Gandys em todos os lugares. Vimos alguém usando um par em uma convenção de tatuagens algum tempo atrás, e Paul chegou a considerar a ideia de fazer uma tatuagem do logo da Gandys em seu pé. Ainda bem que desistiu. Recebi mensagens de colegas viajando por todo o mundo contando-me que tinham visto pessoas usando nosso produto.

Quanto maior a marca se tornava, mais pessoas questionavam por que estávamos fazendo isso. Perguntavam os motivos que nos levaram a criar uma empresa social. Não entendiam por que queríamos financiar um abrigo na Índia. Na verdade, nunca dividimos nossa história completa com as pessoas, pois a víamos como algo profundamente pessoal. Não nos sentíamos à vontade para falar sobre o assunto. Mas cada vez mais nos pegávamos tentando explicar por que tentávamos retribuir com algo ao mundo. Algumas pessoas não conseguiam entender a ideia de querermos fazer algo bom para os outros.

Enquanto a Gandys ganhava força, percebemos que teríamos de explicar nossos motivos, então decidimos contar nossa história às pessoas para que elas entendessem nossas motivações e valores para ajudar crianças necessitadas.

Em um estilo tipicamente heterodoxo, concluímos que, se fôssemos contar nossa história, então a contaríamos para os grandes nomes da mídia. Com base nisso, tomamos o metrô e fomos à sede do jornal *Sun* para encontrar o senhor Rupert Murdoch. O *News of the World* tinha acabado de fechar depois do escândalo com grampos telefônicos, e concluímos que a empresa parente do jornal, News International, talvez quisesse contar uma história inspiradora.

Levamos conosco um par de chinelos para dar a Rupert caso o encontrássemos. Eu soube que ele raramente visita os escritórios, mas, incrivelmente, estava lá no dia em que aparecemos e passou por nós enquanto tentávamos convencer os seguranças a nos deixar vê-lo.

No fim, não conseguimos falar com ele, mas fomos entrevistados por um jornalista do *Sun*. Também telefonamos para o *Daily Mirror*, que publicou uma matéria, mas só incluiu alguns parágrafos curtos sobre a Gandys e escolheu se concentrar no drama do tsunami. Foi decepcionante, mas aprendemos uma lição valiosa sobre relações públicas: os jornalistas sempre se interessam pelo ângulo dramático.

Aquele artigo despertou um interesse enorme e não paramos de atender telefonemas de jornais, revistas e canais de TV desde então. Em questão de meses, estávamos na capa do *Evening Standard* e também marcamos presença no *Daily Telegraph*, no *Daily Mail* e no *Metro*.

Nas entrevistas, Paul, que em geral fala mais, tinha o hábito de ficar tímido e me deixar falar. Realizamos várias entrevistas na TV e fomos convidados a participar do programa *Lorraine,* na ITV, para contar nossa história quando o filme *O Impossível* foi lançado. Fomos assistir à obra e a achamos forte, excruciante demais. É um retrato bastante fiel do tsunami e algo que não gostaríamos de ver outra vez. Enquanto esperávamos para aparecer ao vivo no programa de TV, eles mostraram um trailer particularmente dramático, depois cortaram direto para Paul e para mim. Estávamos em choque e tínhamos que falar sobre a experiência.

Seria ingênuo dizer que toda essa atenção não nos ajudou a transmitir nossa mensagem, mas certamente não fomos atrás disso e achamos difícil e desconfortável continuar falando sobre a perda de nossos pais. Um dos motivos que nos levou a escrever este livro é finalmente expor a nossa versão dos eventos e esperançosamente satisfazer a curiosidade de uma vez por todas.

A atenção da mídia significava que começávamos a ser reconhecidos. As pessoas que conhecemos em nossas viagens começaram a entrar em contato. Ian, o irlandês que papai adotou em Goa, enviou um e-mail para dizer oi. Outra pessoa que nos tinha visto no aeroporto em Colombo entrou em contato para nos desejar tudo de bom e contar que, quando leu no *Metro* a história do que estávamos fazendo, chegou a chorar, pois sempre se perguntava o que teria acontecido àquelas quatro crianças descalças. Também recebemos notícias do surfista que resgatou Rosie da árvore em Weligama.

Então, em 2013, um cara entrou em contato de forma totalmente repentina, enviando um e-mail de sua conta do Hotmail. Seu nome era Mike, e ele disse que queria encontrar-se conosco. Recebíamos esse tipo de mensagem o tempo todo, de todo tipo de gente, então educadamente perguntamos o que exatamente ele queria.

"Eu os conheço", respondeu Mike. "Só quero alguns minutos do seu tempo."

Ficamos intrigados e tentamos encontrar um horário para o encontro, mas andávamos muito ocupados e nunca conseguíamos. Por fim, Mike parou de enviar mensagens.

Esquecemos aquilo até alguns meses depois, quando recebemos um e-mail de uma assistente pessoal enviado de um grande escritório de arquitetura de Londres. Ela nos informava que o CEO da empresa queria nos ver.

Perguntamos de quem se tratava, e ela nos disse seu nome. Era Mike, o mesmo homem que havia enviado o e-mail de sua conta do Hotmail mais cedo naquele ano.

Ficamos mais intrigados e dissemos que um de nós compareceria ao encontro. Mike disse que nós dois precisávamos ir.

— Você acha que é um trote? – perguntei a Paul.

— Não sei, cara. Vamos lá ver qual é.

Então, uma semana depois, nós nos vimos em um prédio de vidro e aço na cidade, aguardando em uma recepção lindamente decorada por Mike. Sua assistente pessoal aproximou-se e nos acompanhou até o escritório.

Mike tinha aproximadamente cinquenta anos, era inteligente e parecia muito gentil. Ofereceu-nos algo para beber.

— Starbucks? Costa? Minha assistente pode providenciar para vocês.

Num primeiro momento, apenas observamos e não respondemos, porque, ao entrar no escritório de Mike, a primeira coisa que chamou nossa atenção foi uma grande obra de arte dependurada na parede atrás de sua mesa de trabalho. Era apenas uma palavra pintada em letras maiúsculas pretas sobre um fundo branco. E nos deixou sem palavras. Era o mais forte palavrão em que se pode pensar.

Mike percebeu que estávamos impressionados.

Alguns segundos depois, apontei para a tela e falei:

— Aposto que fazem essa pergunta o tempo todo, mas que diabos é isso?

Mike nos contou a história:

— Eu estava em uma galeria de arte, em um evento de caridade, e havia um artista bem conhecido ali. Ele pintava o que lhe vinha à mente com a intenção de leiloar o trabalho para levantar dinheiro. Em certo momento, alguns caras passaram pela porta. Todos tinham bebido um pouco e falavam alto. Começaram a conversar com o artista, a perguntar o que ele estava fazendo e, em resposta, o artista perguntou quem eles eram. Disseram ser um grupo de banqueiros de investimento. Ele pintou a primeira palavra que lhe veio à mente. — Nesse momento, Mike apontou para a parede. — Comprei porque achei engraçado.

Demos risada e aceitamos a oferta de um café.

Com o gelo quebrado, Mike continuou:

– Deixando de lado a obra de arte, vocês devem estar se perguntando por que estão aqui, certo?

Assentimos.

– Permita-me contar-lhes a minha história – ele começou.

Mike explicou que, oito anos antes, estava sentado em casa com a esposa e um filho recém-nascido no dia depois do Natal. Ele desfrutava de uma empresa de sucesso, uma vida decente, dinheiro e uma família cheia de amor. Tinha acabado de passar por um Natal muito agradável. Na cozinha, sua esposa preparava os legumes para o jantar que eles teriam naquela noite e a TV falava ao fundo.

O noticiário atraiu a atenção de Mike, atingindo-o como uma marreta.

– *Boom!* – ele exclamou. – O tsunami! Eu não acreditava no que estava vendo. Era bíblico! Eu nunca tinha visto nada daquele tipo. A destruição era apavorante e eu sabia que aquele era um momento na história que seria lembrado por todos.

Mike disse que observou todas as armadilhas de sua vida confortável e que sentiu que precisava fazer alguma coisa para ajudar.

– Eu não conseguia me desligar do noticiário. Queria fazer alguma coisa. Naquela noite, conversei com minha esposa sobre o assunto, mas concluímos que era perigoso demais. Eu tinha uma criança recém-nascida para cuidar.

Ele continuou acompanhando as notícias e, por acaso, alguns dias depois recebeu um fax em seu escritório. A mensagem dizia: "Quatro jovens ingleses. Acabaram de voltar. Precisam da sua ajuda". Era de um amigo da minha irmã que havia trabalhado em sua empresa.

Mike tinha crescido na região onde Marie vivia e sentiu que essa era sua oportunidade de dar algo em retribuição ao mundo. Descobriu que estávamos voltando para casa sem nenhuma posse e que Marie estava enfrentando uma necessidade urgente de itens básicos como beliches e roupas.

Ele começou a ajudar com dinheiro.

Quando Marie precisou de dinheiro para pagar advogados para adotar Mattie, Rosie e Paul e evitar que eles fossem levados a um abrigo, ele ajudou. Também ajudou a construir a extensão da casa.

De repente, tudo fez sentido. Sempre suspeitamos que alguém estava nos ajudando e nos perguntamos como Marie conseguia nos sustentar. Sabíamos que alguém estava dando dinheiro, e esse alguém era ele.

– Eu não queria conhecê-los enquanto cresciam porque não queria me intrometer e não sabia qual era a situação de vocês. Não queria aparecer e salvar o dia como um herói ou algo assim e não pedi para me encontrar com vocês porque quero agradecimentos ou glórias – explicou.

Ele disse que falava com frequência de nós e que se perguntava o que teria acontecido conosco.

– Eu os chamava de Garotos do Tsunami. Dizia à minha esposa: "O que será que os Garotos do Tsunami estão fazendo? Não sabia o que aconteceria com vocês quando chegassem do Sri Lanka. Francamente, vi a casa a que retornaram e a situação em que estavam e, para ser sincero, esperava que tivessem se perdido na vida. Fiquei com medo de verificar.

Então, ele viu nossa história no *Metro*, leu sobre o que estávamos fazendo e os projetos que estávamos financiando na Índia e ficou impressionado. Era um homem rico; tinha carros do ano, uma empresa de sucesso, uma casa luxuosa.

– Mas, excetuando o nascimento dos meus filhos, ver como vocês se saíram bem e o que estão fazendo pelas outras pessoas me deu os melhores sentimentos que já tive – declarou.

Ele simplesmente queria nos encontrar para nos dar os parabéns.

Aquele foi um dia muito emocionante. Mantivemos contato com Mike e sempre seremos gratos pelo que fez altruisticamente por nós quando precisávamos de um anjo da guarda. Jantamos juntos algumas vezes e, um ano depois, quando nos mudamos para um escritório maior, ele mobiliou nossa sede com móveis de seu antigo escritório.

Enviamos um quadro de presente para ele, uma versão bem-humorada da pintura que tínhamos visto em sua parede. Assinamos como "Os Garotos do Tsunami".

Conforme nossa história ganhava atenção, outras pessoas começaram a entrar em contato. Fomos convidados a visitar escolas, faculdades e universidades para falar sobre a Gandys e nossa jornada. Era irônico, considerando que nem Paul nem eu tínhamos muita educação formal.

Ofereceram-nos cachês para conversar com homens de negócios e, conforme a história se espalhava, as pessoas também começaram a entrar em contato com a Gandys para oferecer doações. Em 2013, criamos uma fundação separada da empresa. A Gandys Foundation: Orphans for Orphans é uma instituição de caridade registrada e fundada com as doações e lucros de nossa empresa de calçados. Embora nossa intenção original não fosse criar uma organização de caridade, os calçados Gandys cresceram tanto que acabou sendo melhor separar nossos interesses ligados à caridade dos negócios. A fundação financia projetos por meio de parcerias. Em conjunto com o comitê da fundação, decidimos para onde o dinheiro vai e em quê é investido.

Continuamos tendo ideias estranhas e maravilhosas para manter as pessoas falando sobre a Gandys. Sempre admiramos Richard Branson por seu espírito empreendedor e aventureiro, e eu queria que ele ajudasse a espalhar a mensagem da nossa empresa. Quando criamos o jardim da Gandys na House of Fraser, convidei parte da equipe de marketing da Virgin, empresa de Richard.

– Não seria legal fazer Richard usar nossos chinelos no Dia Internacional do Chinelo? – comentei.

O Dia Internacional do Chinelo existia há algum tempo, mas nunca havia realmente decolado. Era um dia do ano em que as pessoas deveriam usar chinelos no trabalho e fazer doações para instituições de caridade, mais ou menos como o Jeans for Genes.

Adotamos a ideia e a tornamos nossa. Usamos as redes sociais para tornar o evento conhecido e enviamos convites a Richard.

Ele soube do projeto e concordou. Foi fotografado usando um par em Necker, sua ilha próxima às Ilhas Virgens no Caribe. E comprou um par para cada membro de sua equipe. Em reconhecimento por esse gesto, renomeamos os chinelos como Necker Red.

Depois disso, Richard colocou em cada quarto de convidados de sua ilha paradisíaca um par de Gandys Necker Red. Ele nos pediu para enviar uma remessa para sua casa e, de lá, providenciou o serviço de transporte para levá-los à ilha. Richard pediu 300 peças. Infelizmente, quando fomos fazer a parte burocrática do pedido, um de nós (ainda não concordamos sobre quem foi!) acrescentou um zero extra à quantidade, e 3 mil pares chegaram à casa de Richard em Oxford. Rapidamente cuidamos para que a enorme quantidade de calçados extra fosse coletada e devolvida.

Nossa relação de negócios com Richard continuou. Um ano depois, fomos convidados para ir à Jamaica dar uma palestra em um centro de negócios que Richard administra no país, o Branson Business Centre, um *hub* para empreendedores trabalharem, estudarem e fazerem *networking*. Foi uma viagem agradável e, enquanto estávamos lá, contamos nossa história a muitos jovens. Também visitamos uma casa para crianças menos privilegiadas, mantida pela Marley Foundation.

Enquanto a empresa crescia, continuávamos nos esforçando para fazer contato com alguns dos maiores nomes do varejo. Nossos pais sempre nos encorajaram a ser curiosos e corajosos, qualidades que mantivemos ao longo de nossa vida. Um dos nossos heróis sempre foi o designer Paul Smith. Ele é um ícone da moda britânica e tentamos repetidas vezes conseguir um encontro com ele. Depois de um ano de idas e vindas, finalmente fomos a seu escritório em Londres.

Não nos decepcionamos. Usando um terno impecável, ele era o ápice do estilo britânico. Seu escritório estava repleto de objetos curiosos com os quais as pessoas o haviam presenteado ao longo dos anos; era um caos organizado. Havia brinquedos dos anos 1980, uma jaqueta usada por Usain Bolt, uma fotografia de Paul com Alexa Chung, uma bicicleta enviada da China. O local era um enorme baú de coisas legais.

Nós o encontramos em 5 de maio de 2014, aniversário de nossa mãe. Passamos uma tarde com ele, conversando sobre negócios, moda e design e procurando áreas em que poderíamos colaborar. Nenhum de nós tinha falado sobre o assunto, mas, quando saímos, Paul disse:

– Você não acha estranho termos conhecido Paul Smith justamente no dia do aniversário da mamãe?

Não foi nada combinado. Foi uma coincidência todos nós estarmos disponíveis justamente naquele dia. Nossa mãe se interessava muito por arte, design e moda, e ali estávamos nós, diante de um dos designers mais famosos do mundo, no dia do aniversário dela. Era quase como se aquilo tivesse sido organizado para nós. Talvez tenha sido uma pequena dose de intervenção divina.

Nunca tivemos medo de pedir ou agir para tornar a marca mais conhecida. Criamos algumas estratégias. Certo ano, durante um verão particularmente chuvoso, demos início a uma campanha por mais sol e lançamos uma petição de brincadeira para pedir mais sol ao governo. Levamos essa petição a Downing Street, onde fizemos um protesto de brincadeira com algumas garotas de biquíni que conhecemos em um albergue para mochileiros. Levamos caixas de som e gritamos: "O que queremos? Sol! Quando queremos? Agora!".

Alguns dos momentos de maior orgulho até agora foram aqueles de reconhecimento como jovens empreendedores capazes de inspirar outras pessoas. Toda vez que somos indicados a um prêmio ou convidados para participar de alguma campanha pública, interpretamos isso como um testamento do bom trabalho que nossos pais fizeram quando nos ensinaram seus valores.

Fomos convidados para ser jovens embaixadores no Princess Diana Awards, que reconhece jovens inspiradores. Foi uma grande honra, pois o Diana Award é a única caridade que carrega o nome da falecida Diana, princesa de Gales, e é um legado à sua convicção de que os jovens têm o poder de mudar o mundo para melhor. Diana também era ídolo de nossa mãe. Lembro-me vividamente de ver minha mãe, como milhares de outras pessoas, sentir o luto quando Lady Di morreu. Ela tinha muito respeito pela princesa e ficou angustiada. Como parte do processo de nos tornarmos embaixadores, Paul e eu fomos convidados ao número 10 da Downing Street, onde conhecemos o primeiro-ministro David Cameron. É claro que usamos nossos chinelos e, enquanto estávamos lá, alguém comentou que possivelmente a última pessoa a conhecer o primeiro-ministro britânico usando chinelos fora o próprio Gandhi.

Também nos envolvemos com um prêmio de empreendedorismo nacional para 20 mil alunos que tiveram a oportunidade de criar o design de um par de Gandys. Em fevereiro de 2014, nos mudamos para um novo escritório perto de Wimbledon, e o prefeito de Londres Boris Johnson participou de nossa inauguração.

Mais tarde naquele ano, fomos convidados a comparecer no Palácio de Buckingham para o lançamento de uma nova iniciativa em busca de novos líderes jovens da Commonwealth. Na ocasião, conhecemos os príncipes William e Harry.

Andamos pelo Palácio de Buckingham com nossos chinelos e conversamos com o futuro rei. Foi surreal. Conhecemos dois outros irmãos por quem temos enorme admiração e respeito, pois também perderam alguém realmente grandiosa e, na adversidade, trabalharam duro e serviram a Commonwealth.

O príncipe William deu uma olhada na nossa escolha de calçados e caiu na risada.

– Estão aqui para usar a piscina? – ele perguntou.

Enquanto falávamos sobre nossa experiência e nosso trabalho, ele nos contou que perdera a mãe quando tinha quinze anos.

– Mas você precisa tentar encontrar o que há de bom na vida – disse.

Acho que é o que estamos fazendo com a Gandys.

Isso nos fez pensar se seríamos a primeira marca de chinelos da história a receber o selo real.

É impressionante perceber o quão longe chegamos. Éramos apenas dois irmãos em nosso quarto com a ideia de criar algo sustentável e usar a moda como uma força para o bem. Tornamo-nos reconhecidos por Sua Majestade, a Rainha, por nossos esforços. A velocidade com que tudo isso aconteceu é estonteante. A Gandys se tornou a nossa vida. Vivemos e respiramos nosso trabalho. Nossa vida social foi colocada em espera enquanto nos concentrávamos plenamente no crescimento da empresa. Era como ter um filho. A empresa precisou de tempo, precisou ser alimentada e nutrida, e nós a vimos crescer e se tornar algo incrível.

EPÍLOGO

Sri Lanka, 2013

No fim de 2013, recebemos uma oferta que nos levou a uma longa e dura reflexão. Fomos convidados a retornar ao Sri Lanka, o país onde tudo nos foi tirado. Não tínhamos retornado desde 2004, e nunca pensamos em fazer isso. Ainda existiam memórias lancinantes, e as queríamos deixar como estavam.

Porém, foi difícil recusar a oferta. Tínhamos a oportunidade de voltar e fazer a diferença para algumas das outras vítimas do desastre. Era difícil recusar uma proposta assim e, por conta do custo pessoal de nossa última visita ao país, seria uma das coisas mais difíceis de fazer, mas também havia o potencial de ser uma das experiências mais recompensadoras que teríamos.

Também percebemos que talvez devêssemos ao país fazer o que pudéssemos para ajudar. Em nossas viagens, tínhamos visitado muitos lugares budistas. Eu tinha um Buda tatuado em meu braço. Gostava da ideia do carma, de que você recebe o que dá. O povo do Sri Lanka foi vítima de um dos desastres naturais mais devastadores da história. Mas, mesmo assim, logo depois da tragédia, os momentos de generosidade nos tocaram profundamente. Mesmo depois de perder tanta coisa, a população local desviava de seu caminho para ajudar os ocidentais. Não importava sua religião ou etnia, eles simplesmente queriam ajudar. E tinham oferecido tanto!

Enquanto eu considerava se deveria ou não voltar ao país, pensei no garoto que tinha perdido tudo, incluindo sua mãe, e que decidiu nos ajudar. Eu nunca soube seu nome, mas ele me levou até a delegacia de polícia e ao hospital. O altruísmo e a coragem mereciam nossa profunda gratidão, e queríamos honrar a coragem e a bondade daquele garoto e de todos os outros tentando fazer alguma diferença na vida das pessoas. Por ele e por todos que ajudaram, não poderíamos recusar a viagem.

Fomos convidados por Peter Simon, o fundador da Monsoon e da Accessorize. Peter nasceu no Sri Lanka e começou sua empresa do zero em uma barraca no Portobello Market, em Londres. Ele agora apoia projetos pelo mundo por meio de sua empresa e é um filantropo dedicado. É o tipo de pessoa que aspiramos nos tornar. Compartilhamos dos mesmos valores éticos, então, quando ele nos procurou para realizarmos uma colaboração entre a Accessorize e a Gandys, concordamos e nos sentimos honrados, pois aquela era a primeira vez que a Accessorize firmava uma parceria com outra marca. Financiados por um acordo de distribuição global, concordamos em oferecer educação para mais de mil crianças ao longo dos próximos três anos.

Nove anos antes, quando estávamos voltando do Sri Lanka para casa, não tínhamos sapatos em nossos pés. Em novembro de 2013, retornamos não apenas com calçados, mas com nossa própria marca de chinelos e uma parceria global que ajudaria muitas crianças a viver um futuro melhor.

Antes de partirmos, andávamos ocupados demais para pensar sobre as ideias e sentimentos que teríamos. Não consideramos o impacto que aquela viagem causaria em nós.

Mas, durante o voo, Paul começou a revisitar os sentimentos de desconforto, em especial enquanto nos aproximávamos da ilha. E, embora num primeiro momento tenhamos tentado esconder nosso nervosismo e nossa ansiedade, de repente nos demos conta de onde estávamos, enquanto começávamos a ouvir as histórias de algumas pessoas que tinham tentado retomar a vida depois que a onda atingiu a ilha.

Inicialmente, ficamos em Colombo. Era bom estar de volta ao caos organizado de uma cidade no exterior e, com tanta atividade à nossa volta, estávamos alegres como costumávamos ser. Pudemos andar pela cidade movimentada em riquixás e visitamos alguns dos projetos que nossa parceria com a Accessorize financiaria ali. Paul e eu nos divertimos ao notar as diferenças nos preços das corridas de riquixás – para uma viagem de 1,5 quilômetro, um motorista cobrava quinhentas rúpias, ao passo que outro queria 10 mil. Alguns turistas ficavam nervosos com a clara tentativa de extorsão, mas, graças às nossas experiências viajando, sabíamos que aquele pessoal estava simplesmente tentando ganhar a vida.

No primeiro projeto, conhecemos algumas crianças incríveis e fomos convidados a participar de uma aula. Paul tentou ensinar química, mas o professor não demorou a reassumir a classe – meu irmão quase explodiu a sala de aula!

– Nunca fui muito bom na escola – ele comentou, dando de ombros enquanto cuidadosamente se afastava do bico de Bunsen.

Depois, jogamos futebol com as crianças, mas tivemos de levantar a bandeira branca. O calor estava acabando conosco.

No fim da tarde, conhecemos um garoto que também havia sido vítima do tsunami e perdido os pais. Ele tinha apenas cinco anos quando foi levado por seus parentes, mas, por conta dos maus cuidados que recebera, foi enviado a um abrigo. Os locais contaram nossa história para ele e, muito embora o jovem tivesse perdido tudo, ficou cabisbaixo quando ouviu nossa experiência. Lágrimas brotaram de seus olhos. Nós conhecíamos muito bem a dor um do outro.

Então descobrimos que ele fora abusado. Foi horrível ouvir que o pobre garoto havia sobrevivido ao tsunami apenas para se tornar vítima de outra tragédia. Aquilo deixou ainda mais claro para nós o motivo de a Gandys existir. O jovem gostava muito de críquete, então compramos alguns materiais de críquete e conseguimos pagar para que tivesse aulas. Paul e eu buscamos esse esporte como distração quando voltamos à Inglaterra. O críquete nos ajudou a enfrentar os problemas e nos afastar da dor.

As feridas que achamos estar cicatrizadas pareceram se abrir depois daquilo. Nenhum de nós dormiu em nossa primeira noite. Ficamos acordados, observando o mar da janela do hotel para ter certeza de que estaríamos prontos caso alguma coisa acontecesse. Achei o som e a imagem do oceano desconfortáveis. Ouvi atentamente em busca de mudanças no ritmo das ondas. Eu estava outra vez em 2004, naquela primeira noite com mamãe e papai, observando e ouvindo, planejando uma rota de fuga. Quando éramos criança, diziam-nos que a Mãe Natureza é a coisa mais poderosa do mundo e, naquela noite, a lição ecoou forte em minha cabeça.

No dia seguinte, estávamos cansados, mas nos animamos quando tivemos a chance de nos encontrar com David Cameron no Clube de Críquete Colombo, onde também ficamos frente a frente com um dos melhores jogadores de todos os tempos, Muttiah Muralitharan. O jogador tinha um grande projeto de caridade no sul, próximo a Weligama. Como consequência, atendia várias vítimas jovens do tsunami. Tínhamos nos encontrado com o primeiro-ministro em Downing Street alguns meses antes e ele conversou conosco sobre a viagem. Estava no Sri Lanka a serviço do governo e parecia sinceramente interessado no que estávamos fazendo. Foi amigável e humilde. Tenho muito respeito por ele. O trabalho de primeiro-ministro não deve ser nada fácil; eu não gostaria de ter esse emprego.

Mais tarde, conhecemos outro jovem que tinha perdido os pais no tsunami. Tinha se tornado o capitão da equipe nacional de críquete para menores de dezenove anos e merecia muitos créditos por ter vencido na vida.

Vivemos ótimos momentos no Sri Lanka, mas o tempo todo estávamos conscientes de que nos encontrávamos no país onde nossa vida foi transformada para sempre. As memórias constantemente brotavam em nossa mente, e era difícil ouvir as histórias dos sobreviventes. Conhecemos um jovem que devia ter mais ou menos a idade de Paul que ainda carregava feridas mentais do que lhe havia acontecido. Nós dois reconhecemos o medo em seus olhos quase nove anos depois.

Antes de partirmos, o tufão Haiyan havia destruído parte das Filipinas e nós dois víamos, nos noticiários, o desdobrar do desastre horrível. Perceber que aquele caos ainda era parte da vida das pessoas em muitas áreas tropicais nos deixou ainda mais nervosos, e começamos a ficar paranoicos com a possibilidade de alguma coisa acontecer enquanto estivéssemos no Sri Lanka. Talvez fosse egoísta, mas era quase impossível não pensar nisso. Na segunda noite, não conseguimos dormir outra vez e ficamos conversando. Chegamos a considerar a possibilidade de encerrar a passagem pelo país e voltar para casa, mas, quando anunciamos nas redes sociais que faríamos a viagem, recebemos muitas mensagens de apoio que nos convenceram de que devíamos ficar.

Continuamos no país e, com Peter, visitamos outros projetos. Com ele aprendemos muito sobre varejo, moda e comércio ético. Era ótimo estar ao seu lado, e ficamos mais do que felizes de estarmos envolvidos naquele projeto. Em certo momento, quando uma criança pediu, Peter começou a cantar uma versão de "Yellow Submarine".

Visitamos um projeto para garotas vítimas de abuso. As histórias eram realmente terríveis. As jovens haviam sido expostas a situações que ninguém deveria enfrentar. Com a terapia oferecida, elas eram encorajadas a criar suas próprias bijuterias. Explicaram para nós que, no início, as peças tendiam a ser muito sombrias, mas que, com o passar o tempo, passaram a produzir peças mais vivas, o que mostrava que estavam fazendo as pazes com sua situação. Elas usavam uma flor de lótus como logotipo porque a planta começa a crescer em águas lamacentas antes de se tornar uma belíssima flor. O logo representava a esperança.

Enquanto estávamos lá, solicitaram que contássemos histórias para as garotas. Uma delas pediu conselhos para transformar eventos negativos em algo positivo.

– Fé e perseverança podem levar qualquer pessoa a realizar seus sonhos – explicamos.

Uma garota perguntou:

– Por favor, será que eu poderia estudar?

Aquilo nos fez perceber por que fazemos o que fazemos. As longas horas e os desafios constantes que encaramos enquanto criávamos a Gandys a partir do zero terão valido a pena se pudermos ajudar os jovens a realizar seus sonhos e a deixar para trás situações difíceis.

Foi uma jornada emocionante e desafiadora, uma metáfora da vida que levamos. Começou como uma viagem muito dura, mas, no fim, queríamos ficar mais tempo no país. No último dia, chegamos a ir à praia e permanecemos diante do mar. Porém, não fomos a Weligama. Acho que aquele sempre será um lugar perdido para nós, independentemente de quanto viajemos.

Pensamos que a viagem nos ajudaria a esquecer. Mas não ajudou. Agora sabemos que as cicatrizes sempre serão parte de nós, representando a vida que vivemos.

Ainda temos muito trabalho pesado à nossa frente. Estamos ansiosos pelos desafios. Nossos pais passaram anos nos ensinando os valores que nos ajudaram a conquistar o que temos. Eles nos mostraram o quão afortunados somos e nos ensinaram a não desistir diante da adversidade, a ajudar e a fazer o que pudermos para que outros possam ter as mesmas chances que nós tivemos. Somos pessoas de sorte. Quando voltamos do Sri Lanka depois do tsunami, tivemos pessoas que nos ajudaram. Muitas crianças que encontramos quando voltamos ao país não tiveram esse luxo e precisaram depender da generosidade de desconhecidos. No futuro, a Gandys será capaz de oferecer ajuda.

Começamos nossa jornada maluca dos chinelos com o objetivo de abrir, em memória a nossos pais, nosso próprio abrigo para crianças – o que inicialmente esperávamos fazer no aniversário de dez anos do tsunami. Criar essa casa ainda é um objetivo e, em 2014, começamos a busca por parceiros para trabalhar no projeto. No início, tudo parecia um objetivo gigantesco, mas passo a passo estamos chegando lá. Ser capaz de financiar o projeto no Sri Lanka nos deu uma amostra do que podemos alcançar quando queremos fazer coisas maiores e melhores. Vimos o que é possível. Desafiamos os problemas. Não queremos agradecimentos, não é por isso que fazemos o que fazemos. Alguém sempre cuidou de nós enquanto crescíamos e, mesmo quando a tragédia aconteceu, pessoas ajudaram. Sentimos uma obrigação de passar isso adiante. Estamos em uma posição na qual podemos ajudar outras pessoas, e me parece apenas justo fazer isso.

Acho que, de certa forma, a raiva e a irritação que senti depois do tsunami, por não ser capaz de fazer mais por papai e mamãe, motivaram-me e depois inspiraram também meu irmão. A Gandys nos ajudou a entender o que aconteceu. Quando voltamos do Sri Lanka, parecia que o tsunami tinha vencido, parecia que ele tinha levado o que Paul e eu tínhamos de melhor. Mas eu não gosto de perder. Nós jogamos para ganhar. Conforme a Gandys cresce e espalha mais boas ações, com frequência sentimos que estamos vencendo. Meu pai sempre oferecia iniciativas para que nos saíssemos melhor e vencêssemos. Se estivéssemos jogando críquete, o irmão que vencia ganhava uma barra de chocolate ou um dinheirinho extra. Ele nos ensinou a manter a elegância, mas a jogar para vencer. Foi isso que nos inspirou e continua a nos inspirar. Se conseguirmos criar uma grande marca e ajudar as pessoas no caminho, talvez tenhamos uma sensação de missão cumprida.

As pessoas com frequência perguntam o que nossos pais achariam do nosso progresso. Acho que eles jamais nos imaginariam fazendo o que fazemos, mas acho que se sentiriam imensamente orgulhosos. Na verdade, tenho certeza de que estariam orgulhosos de todos nós.

Rosie seguiu os estudos, formou-se e, aos 19 anos, passou a fazer suas viagens. Criamos um par exclusivo de Gandys para sua jornada, decorado com rosas. Enquanto escrevíamos este livro, ela estava a caminho da Nova Zelândia e depois Austrália e Ásia, refletindo sobre aonde a vida a levaria. Demonstrou interesse em trabalhar para a Gandys, mas não a pressionaremos. A decisão será dela. Marie agora tem três filhos lindos, Kieron, Isabel e Jack, depois de deixar sua vida em modo de espera para nos criar. Mattie é pura criatividade; às vezes vive em seu próprio mundo, mas é muito talentoso. E Jo está viajando pelo mundo.

Tivemos a mais heterodoxa das criações. Não frequentamos escolas, mas tivemos dois dos melhores professores que alguém poderia desejar. Enquanto nossos colegas faziam o colegial e brincavam no parque, fazíamos algo muito diferente. Vimos o mundo, com todas suas maravilhas e também todos os seus horrores. E continuamos fazendo algo diferente agora.

Houve muitos dias obscuros em nossa jornada. E também muitas pessoas que nos inspiraram e nos ajudaram pelo caminho. É impossível viver sozinho, e sentimos uma gratidão profunda por toda a ajuda que recebemos. Sem essas pessoas, não teríamos conseguido passar pelos dias sombrios, e não estaríamos tão próximos de alcançar nosso objetivo de construir um abrigo para crianças. Esperamos que mais abrigos venham no futuro e esperamos que dividir nossa história nos ajude também a alcançar isso.

Sabemos que não podemos ajudar todo o mundo, mas podemos ajudar algumas pessoas e, se a chance que podemos oferecer os levar a criar suas próprias empresas ou se tornar médicos ou engenheiros e ajudar outras pessoas, então teremos seguido o exemplo de nossos pais.

Crianças não devem se preocupar com sua próxima refeição ou onde dormirão à noite. Nós tivemos segurança, depois a perdemos, e a situação não foi nada agradável. Agora somos mais velhos e mais sábios, e queremos continuar trabalhando duro para ter certeza de que algumas crianças não terão de enfrentar o tipo de dificuldade que enfrentamos; ou que, quando a vida puxar seu tapete, pelo menos haverá alguém ali para ajudar. Passamos por momentos difíceis, mas os vencemos; portanto, outras pessoas também são capazes de vencer. Esperamos que esta história possa dar àqueles em situações complicadas a esperança que salva o dia. E que, quando a água retroceder, você estará nos escombros, mas haverá pessoas pelo mundo dispostas a ajudar.

Agradecimentos

A Marie, Jo, Mattie e Rosie e todos os amigos e familiares que estiveram por perto e nos apoiaram ao longo dos anos: um enorme e sincero obrigado. Pelo apoio em momentos difíceis, por um ombro para chorar, uma noite de diversão, um jogo de futebol ou um fim de semana em um festival, sempre seremos gratos por tudo o que vocês fizeram.

Lee e Brian da CV Library, obrigado pelas excelentes memórias. Dominic, Andriele e a família crescente: obrigado por apostar em dois irmãos com uma ideia maluca.

Nosso grande agradecimento a todos os que ajudaram na Gandys a espalhar a mensagem. Vocês são numerosos demais para serem mencionados um a um, mas saibam que nos deram a oportunidade de criar algo especial.

Obrigado a Michael, Lesley, Hugh, Maddy e Gabby, da Michael O'Mara, pela oportunidade de contar nossa história.

Um obrigado especial a Nick Harding, que acreditou nesta história desde o início e cuja *expertise* nos deu uma voz para contá-la.

TIPOGRAFIA	ADOBE GARAMOND LT
PAPEL DE MIOLO	LITERATO $70g/m^2$
CADERNO DE FOTOS	COUCHÊ $115g/m^2$
PAPEL DE CAPA	CARTÃO $250g/m^2$
IMPRESSÃO	ASSAHI